一本书明白

农村产业融合发展

YIBENSHU

MINGBAI

NONGCUNCHANYE

RONGHEFAZHAN

赵 海 马 凯 编著

中原农民出版社
·郑州·

"十三五"国家重点
图书出版规划

新型职业农民书架·
走向大道系列

图书在版编目（CIP）数据

一本书明白农村产业融合发展 / 赵海，马凯编著. — 郑州：
中原农民出版社，2017.8（2018.7重印）
（新型职业农民书架·走向大道系列）
ISBN 978-7-5542-1771-9

Ⅰ.①—… Ⅱ.①赵… ②马… Ⅲ.①农业产业—产业发展—中国
Ⅳ.①F320.1

中国版本图书馆CIP数据核字（2017）第216829号

一本书明白农村产业融合发展

赵 海 马 凯 编著

出版发行	中原出版传媒集团　中原农民出版社	
	（郑州市经五路66号　邮编：450002）	
电　　话	0371-65788677	
印　　刷	河南安泰彩印有限公司	
开　　本	787mm×1092mm　　1/16	
印　　张	7.5	
字　　数	122千字	
版　　次	2017年11月第1版	
印　　次	2018年7月第2次印刷	
书　　号	ISBN 978-7-5542-1771-9	定　　价　　36.00元

目录
Contents

单元一
农村一二三产业融合理论与政策

2014 年 12 月召开的中央农村工作会议提出，大力发展农业产业化，把产业链、价值链等现代产业组织方式引入农业，促进一二三产业融合互动。2015 年中央 1 号文件明确提出，推进农村一二三产业融合发展，这是在国家政策层面首次提出农村一二三产业融合发展这个概念。2015 年年底，国务院办公厅下发了《关于推进农村一二三产业融合发展的指导意见》，从融合方式、融合主体、融合服务、利益联结机制、融合推进机制等方面提出了具体的政策措施，农村一二三产业融合实现了由理念到政策的转变。

本单元主要对农村一二三产业融合发展的概念进行探讨，并介绍相关的财政与金融政策，为农业从业人员把握政策提供参考。

一、农村一二三产业融合发展的理论探讨

农村一二三产业融合发展根植于我国农村产业发展实际，着眼于破解当前农村产业链建设中的突出问题，对发展现代农业和提高农民收入具有重要的作用。

（一）农村一二三产业融合发展提出的时代背景

众所周知，进入 21 世纪以来，我国农业发展态势良好，主要表现在：至 2015 年，粮食生产"十二连增"，当年粮食总产量达到 62 143.5 万吨，连续 3 年稳定在 60 000 万吨以上；农民收入"十二连快"，2015 年农民人均可支配收入突破万元大关，增幅连续 6 年高于 GDP 和城镇居民收入增幅；2015 年农业科技进步贡献率超过 56%，农作物耕种收综合机械化水平达到 63%，农田有效灌溉面积占比超过 52%，畜禽养殖规模化率提高到 39.6%，农业现代化建设步伐显著加快。然而，在靓丽数据的背后，也隐藏着一些不容忽视的问题：农业竞争力连年下降[①]，粮食库存压力巨大，资源环境不堪重负，农民增收略现疲态，粮食和油脂加工业以及部分畜牧行业在生死线上挣扎。从这个视角来看，我们也可以认为农业发展困难重重、危机四伏。在这个时间节点，中央提出促进农村一二三产业融合发展，笔者认为，主要出于以下三个方面考虑。

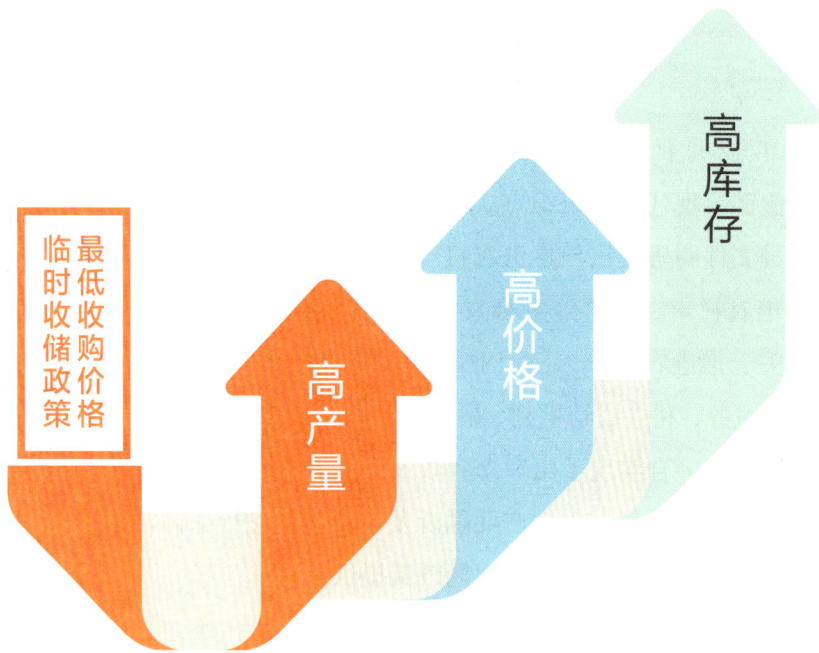

临时收储政策 最低收购价格

高产量

高价格

高库存

首先，三次产业之间存在一定割裂，农产品生产与加工和销售脱节，农业主要表现为生产导向而不是消费导向。以粮食为例，在最低收购价格和临时收

[①] 2015 年年底小麦、大米、玉米三大谷物国内外价差每吨分别为 771 元、745 元、790 元。

储政策的持续作用下，玉米、水稻、小麦等主要粮食作物面积和产量连年增加，在供给端呈现"高产量、高价格、高库存"的"三高"特征。而在粮食加工领域，由于原料价格较高而加工农产品是按照市场价销售的，因此面临激烈的市场竞争，加之进口农产品的冲击，使得我国粮食产业呈现产区与销区、原粮与成品粮、国内市场与国际市场粮食价格"三个倒挂"的局面。据国家粮油信息中心监测，截至2015年年底，国内市场已连续41个月呈现"稻强米弱""麦强粉弱"的状态。同时，农民生产的农产品与消费者的需求还不相匹配。如笔者调研的黑龙江大米加工业，由于圆粒粳稻产量高且有国家托市价收

购，农民非常愿意种植这个品种，而加工企业和市场更需要的是长粒香稻，由于其产量较低且市场价格不能体现其价值，即使企业想收也收不到，导致了整个黑龙江水稻品种单一、品质下滑、竞争力下降。2016年中央农村工作会议提出推进农业供给侧结构性改革，主要目的就是改进农业生产环节，包括产业布局、结构布局、品种布局以及产量，使其与加工、流通环节能够有效衔接。

其次，在收益分配上，农民和农业被排除在增值收益之外，产中环节的收益与产后环节的收益严重不相称。在农业价值链的构成中，农产品生产端的价值链处于基础地位。然而，由于农民谈判地位低下，在价值分配中只能处于末端的位置，不仅无法分享加工和流通环节的增值收益，就连生产环节的收益也不能完全得到保证。简言之，农民还不能公平分享产业发展的成果。从市场角度看这个问题，农民由于其较少的物质资本和人力资本以及较低的劳动生产率和组织化率，决定农民在分配中只能获得最少的部分；然而，从政府的视角去看，因其具有维护社会公平正义和帮助弱势群体摆脱贫困的职责，因而有义务去矫正这种状态，把蛋糕分好，让农民分享价值增值。特别是在"十三五"时期"翻番缩差"① 以及全面建成小康社会和全面消除农村贫困人口的政治大背

---

① 到2020年，农民收入比2010年翻一番，与城镇居民收入差距明显缩小。

景下，通过推进三次产业融合让农民更多分享产业发展成果，已成为政策制定者的一种共识。

最后，随着三次产业的发展、技术进步和制度创新，我国已具备推进一二三产业融合发展的现实条件。一是三次产业快速发展。随着经济社会发展和居民消费结构升级，我国农村一二三产业快速发展。截至 2014 年年底，全国农林牧渔业总产值达 10.2 万亿元；农产品加工企业数量达 45.5 万家，其中规模以上企业达到 7.6 万家，农产品加工业产值达 18.5 万亿元；休闲农业经营主体 180 万家，经营收入超过 3 000 亿元。三次产业的快速发展为产业融合提供了强有力的产业基础支撑。二是规模经营逐步兴起。近年来我国土地承包经营权流转面积快速增长，到 2014 年年底，全国家庭承包耕地流转面积达到 4.03 亿亩，流转面积占家庭承包经营耕地面积的 30.4%，比 2007 年提高了 25 个百分点。随着土地流转规模的不断扩大，多种形式的规模经营逐步兴起，为农业发展和链条延伸提供了基础。三是新型农业经营主体逐步发育。到 2014 年年底，农业产业化龙头企业达 12.6 万家，年销售收入 8.6 万亿元；登记注册的农民合作社 130 多万家，各级政府认定的农民合作社示范社 13.5 万家；经各级农业部门认定的家庭农场 24 万家。这些新型农业经营主体成为推进农村一二三产业融合发展的重要支撑和依靠力量。四是商业模式创新不断。近年来，农业领域一些新的商业模式不断涌现，"公司＋合作社＋农户""公司＋基地＋农户"、土地托管、联耕联种、土地入股、工厂农业、体验农业、创意农业、观光农业、农家乐、"互联网＋现代农业"、农产品生鲜电商、直供直销、会员制农业、社区支持农业等，不一而足。这些新的商业模式孕育了新的产业业态，极大丰富了农村一二三产业融合的模式与类型。总而言之，在上述因素的相互叠加和催化作用下，我国推进农村一二三产业融合发展的条件已基本具备。

（二）农村一二三产业融合概念界定

农村一二三产业融合起源于日本的六次产业化理论。1994 年，日本农协综合研究所所长今村奈良臣首次提出农业的六次产业化概念，认为农业的六次产业是指农村地区各产业之和，即 1+2+3=6。其意为，农业不仅指农畜产品生产，而且还应包括与农业相关联的第二产业（农畜产品加工和食品制造）和第三产业（流通、销售、信息服务和农业旅游）。后来他对这一提法进行了修改，认为农业的六次产业应是农村地区各产业之乘积，即 1×2×3=6。其意为，农村产业链中若其中一个产业的产值为零，则六次产业所带来的总体效益变为零。农业六次产业的界定从农村的各产业相加之和向各产业相乘转变，意在警示人们，只有以农业为基础的各产业间的合作、联合与整合，才能提高农村地区的经济效益。

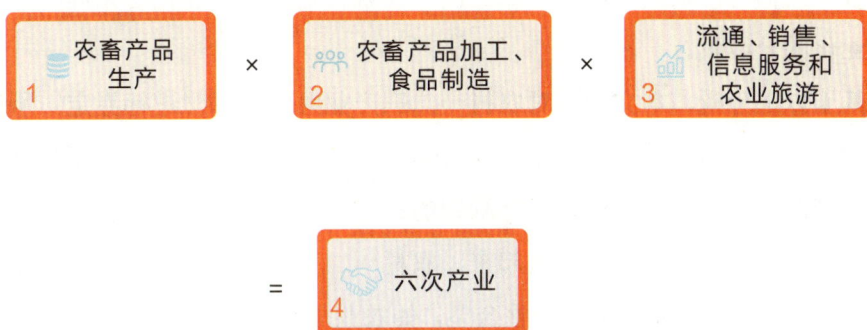

在中国，也有类似于农村一二三产业融合的概念，即农业产业化经营。农业产业化起源于 20 世纪 80 年代末，主要是为了解决小农户与大市场的对接问题，其是在家庭承包经营的基础上，以市场为导向，依靠龙头企业的带动，并与农户建立"风险共担、利益共享"的利益联结机制，把农业产前、产中、产后各个环节联结起来，实现产加销一体化的一种农业经营方式。经过 20 多年的发展，农业产业化理论日臻完善，然而在实践中，由于利益机制不完善、公司和农户交易双方都可能存在的机会主义行为，且强制履约机制缺失，从而导致合约极不稳定。特别是一些企业不能有效连农带农甚至坑农害农的案例，经媒体报道后引起了广泛关注，产业化发展模式乃至工商资本下乡也受到了一些诟病[①]。

六次产业化、农业产业化和农村一二三产业融合三个概念，都强调三次产业的有机联系，但也有区别。其中，六次产业化强调以当地农户和当地资源为基础，通过发展第一产业并向第二、第三产业延伸，重视农村的内生发展和农业的多功能性；而农业产业化则强调龙头企业的辐射带动作用，依托龙头企业

① 据笔者观察，在产业化模式中，农民不履约的情况占绝对多数。但由于农民为弱势群体，媒体报道公司损害农民利益的案例，更容易引发关注。

向上游建立原料基地进而延伸产业链条，其本质是依靠龙头企业的嵌入实现农村外生性发展。与前两个概念相比，农村一二三次产业融合的内涵更为宽泛，其既可以以当地农民或农民合作组织为基础向产业链下游延伸，也可以依托外部的龙头企业向上游生产环节挺进，其精髓在于不管以何种方式实现各主体和各产业的联结，都必须让农业得到稳定发展、让农民得到真正实惠。从这个视角来看，我们可以认为，农村一二三次产业融合是六次产业化的拓展版，是农业产业化的升级版。

基于以上分析，本文尝试对农村一二三产业融合的概念进行界定。所谓农村一二三产业融合，是各类农业产业组织通过延伸产业链条、完善利益机制，打破农产品生产、加工、销售相互割裂的状态，形成各环节融会贯通、各主体和谐共生的良好产业生态。概括起来，农村一二三产业融合发展主要有以下几种形式：一是第一产业内部产业整合型，如农业与林业结合、农业与渔业结合、种植业与养殖业结合等；二是农业产业链延伸型，即以第一产业的农业为中心向前后链条延伸，将种子、农药、肥料供应与农业生产连接起来，或将农产品加工、销售与农产品生产连接起来，或者组建产加销一条龙；三是农业与其他产业交叉型，如农业与加工业的融合形成品牌农业，及农业与文化、旅游业的融合而来的休闲农业等；四是先进要素技术对农业的渗透型融合，如信息技术的快速推广应用，既模糊了农业与二三产业间的边界，也大大缩短了供求双方之间的距离，使得网络营销、在线租赁托管等成为可能。

二、农村一二三产业融合的政策介绍

发展产业，不仅要了解市场，还要了解政策，这是一项基本功。无论是对发展生产，还是申请资金项目，都要了解政策。2015 年年底，国务院办公厅下发《关于推进农村一二三产业融合发展的指导意见》（以下简称《意见》），这是国家层面推进农村产业融合的纲领性文件，蕴含着未来的发展方向、发展重点、政策措施，值得很好地去学习了解。

总的来看，《意见》的基本方向是融合，可以从四个方面理解。其一，推进产业融合的重点，是打破产业的界限，形成农业和二三产业交叉融合的现代产业。其二，推进产业融合发展的核心，是完善惠农、富农的利益联结机制，

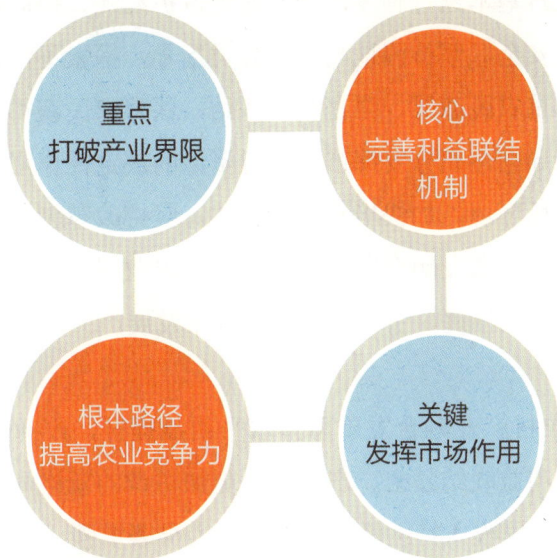

让农民真正分享产业链延伸、产业功能拓展的好处，促进农民增收。其三，推进产业融合的根本路径，是把新技术、新业态和新的模式引入农业，用现代理念来引导农业，用现代技术改造农业，从而提高农业竞争力。其四，推进产业融合发展的关键，是充分发挥市场配置资源的决定性作用，调动各类市场主体的积极性。同时也要更好地发挥政府作用，强化政策的引导、公共服务和市场监管。

下面从总体要求、融合方式、融合主体、联结机制、融合服务和政策等方面对《意见》比较详尽地介绍一下。

（一）总体要求

总体要求分为指导思想、基本原则和主要目标三块内容，以下抽出了其中的主要内容，摘录如下。

1. 指导思想

用工业理念发展农业，以市场需求为导向，以完善利益联结机制为核心，以制度、技术和商业模式创新为动力，以新型城镇化为依托，推进农业供给侧结构性改革，着力构建农业与二三产业交叉融合的现代产业体系，形成城乡一体化的农村发展新格局，促进农业增效、农民增收和农村繁荣。

2. 基本原则

坚持和完善农村基本经营制度，严守耕地保护红线，提高农业综合生产能力，确保国家粮食安全。坚持因地制宜，分类指导，探索不同地区、不同产业融合模式。坚持尊重农民意愿，强化利益联结，保障农民获得合理的产业链增值收益。坚持市场导向，充分发挥市场配置资源的决定性作用，更好发挥政府作用，营造良好市场环境，加快培育市场主体。坚持改革创新，打破要素瓶颈制约和体制机制障碍，激发融合发展活力。坚持农业现代化与新型城镇化相衔接，与新农村建设协调推进，引导农村产业集聚发展。

3. 主要目标

到 2020 年，农村产业融合发展总体水平明显提升，产业链条完整、功能多样、业态丰富、利益联结紧密、产城融合更加协调的新格局基本形成，农业竞争力明显提高，农民收入持续增加，农村活力显著增强。

（二）发展多种类型农村产业融合方式

《意见》归纳了六种类型的产业融合方式。这六种方式也代表了未来农业农村的发展方向，值得深入学习和借鉴。

1. 推进新型城镇化

推进新型城镇化，其含义是要把农村产业融合发展与新型城镇化结合起来，把农村二三产业向县城、重点乡镇及产业园区集中。同时，《意见》还提出，培育农产品加工、商贸物流等专业特色小城镇，通过产业支撑和公共服务稳定吸纳农业转移人口。从这里可以看出，国家推进农村产业融合的一个重要目标是把产业发展与城镇化结合起来，通过发展农村产业为推进城镇化提供支撑。

2. 农业结构调整

农业结构调整是农业供给侧结构性改革的重要内容，是在农业内部实现产业融合的重要方式。总的来看，推进农业结构调整，主要就是农牧结合、农林结合、种养协调、循环发展、绿色发展。在种植领域促进粮食、经济作物、饲草料三元种植结构协调发展，在养殖领域合理布局规模化养殖场，在林业领域积极发展林下经济和农林复合经营。

3. 延伸农业产业链

将农业从生产领域向加工、仓储、销售等二三产业延伸，是农村产业融合的最基本也是最重要的途径。《意见》提出，发展农业生产性服务业，鼓励开展代耕代种代收、大田托管、统防统治、烘干储藏等市场化和专业化服务；完善政策促进农产品产地初加工和精深加工，促进农产品加工业向优势产区和关键物流结点集中；加快农产品冷链物流体系建设，支持优势产区产地批发市场建设，促进市场流通体系与储运加工布局衔接；健全农产品产地营销体系，推广农超、农企等形式的产销对接，鼓励在城市社区设立现货农产品直销网点。

4. 拓展农业多种功能

随着人们生活水平的提高，农业的多功能性越来越被重视，农业向着生产、生活、生态"三生融合"的方向演进。《意见》提出，推进农业与旅游、教育、文化、健康养老等产业深度融合；积极发展多种形式的农家乐；加强农村传统文化保护，合理开发农业文化遗产，建设一批具有历史、地域、民族特点的特色旅游村镇和乡村旅游示范村。

5. 发展农业新型业态

技术渗透和产业融合还会衍生出很多新的业态，其中很多具有方向性、引领性，具有较高的实际价值。《意见》提出，实施"互联网＋现代农业"行动，推进现代信息技术应用于农业生产经营；大力发展农产品电子商务，完善配送及综合服务网络；鼓励在大城市郊区发展工厂化、立体化等高科技农业，提高本地鲜活农产品供应保障能力；发展农田艺术景观、阳台农艺等创意农业及农业生产租赁业务、农产品个性化定制服务、会展农业、农业众筹等新型业态。

"互联网 +" 现代农业行动

2016 年 5 月，农业部、国家发展和改革委员会等八部门印发《"互联网 +"现代农业三年行动实施方案》。该方案提出，到 2018 年，互联网与"三农"的融合发展取得显著成效，农业的在线化、数据化取得明显进展，管理高效化和服务便捷化基本实现，生产智能化和经营网络化迈上新台阶，城乡"数字鸿沟"进一步缩小，大众创业、万众创新的良好局面基本形成，有力支撑农业现代化水平明显提升。该方案提出了"互联网 +"新型农业经营主体、"互联网 +"现代种植业、"互联网 +"现代林业、"互联网 +"现代畜牧业、"互联网 +"农产品质量安全、"互联网 +"农业电子商务、"互联网 +"美丽乡村、"互联网 +"农业农村大数据、"互联网 +"农业信息服务、"互联网 +"基础设施等十一个方面的任务，并提出了农业物联网区域试验工程、农业电子商务示范工程、信息进村入户工程、农机精准作业示范工程、测土配方施肥手机信息服务示范工程、农业信息经济示范区等六大工程。

6. 引导产业集聚发展

产业集聚是将同一产业的上下游相对集中在一个区域内，这将大大节约成本，对于当地优势特色产业的就地加工转化是一种非常好的发展模式。《意见》提出，创建农业产业化示范基地和现代农业示范区，完善配套服务体系，形成农产品集散中心、物流配送中心和展销中心；扶持发展一村一品、一乡一业，培育乡村手工艺品和农村土特产品品牌。

（三）培育多元化农村产业融合主体

《意见》阐述了农民专业合作社和家庭农场、龙头企业、供销合作社、行业协会和产业联盟、社会资本等五大类主体在农村产业融合中的地位和作用。我们尤其要注意《意见》对每一大类主体的功能定位，这涉及国家以后的支持方向。

1. 强化农民合作社和家庭农场基础作用

在推进农村产业融合中，农民合作社和家庭农场是定位在基础地位的，这表明国家会大力支持这两类主体的发展。《意见》提出，鼓励农民合作社发展农产品加工、销售，鼓励家庭农场开展农产品直销；引导大中专毕业生、新型职业农民、务工经商返乡人员领办农民合作社、兴办家庭农场、开展乡村旅游等经营活动；支持符合条件的农民合作社、家庭农场优先承担政府涉农项目，落实财政项目资金直接投向农民合作社、形成资产转交合作社成员持有和管护政策。

2. 支持龙头企业发挥引领示范作用

龙头企业具有资金、技术和市场优势，在农村产业融合中居于引领示范地位，主要作用是带动农户、家庭农场和农民合作社共同发展。《意见》提出，培育壮大龙头企业，引导其重点发展农产品加工流通、电子商务和社会化服务，并通过直接投资、参股经营、签订长期合同等方式，建设标准化和规模化的原料生产基地，带动农户和农民合作社发展适度规模经营；鼓励龙头企业建设现代物流体系，健全农产品营销网络；发挥农垦企业优势，培育具有国际竞争力的大型现代农业企业集团。

3. 发挥供销合作社综合服务优势

供销合作社具有网点和服务优势，在农村产业融合中要有效发挥其作用。《意见》提出，推动供销合作社与新型农业经营主体有效对接，培育大型农产品加工、流通企业；健全供销合作社经营网络，支持流通方式和业态创新，搭建全国性和区域性电子商务平台；拓展供销合作社经营领域，向农资供应、农产品流通、农村服务等社会化服务领域延伸。

4. 积极发展行业协会和产业联盟

行业协会和产业联盟是融合主体的自组织，可以补充政府的职能作用，有效发挥其在农村产业融合发展中的作用。《意见》提出，充分发挥行业协会自律、教育培训和品牌营销作用，开展标准制定、商业模式推介等工作；鼓励龙头企业、农民合作社、涉农院校和科研院所成立产业联盟，支持联盟成员通过共同研发、科技成果产业化、融资拆借、共有品牌、统一营销等方式，实现信息互通、优势互补。

5. 鼓励社会资本投入

在农村产业融合中，政府资金只是起到引导性作用，最终要靠社会资本的投入来实现。《意见》提出，鼓励各类社会资本投向农业农村，发展适合企业化经营的现代种养业，利用农村"四荒"资源发展多种经营，开展农业环境治理、农田水利建设和生态修复。同时，对社会资本投资建设连片面积达到一定规模的高标准农田、生态公益林等，允许利用一定比例的土地开展观光和休闲度假旅游、加工流通等经营活动。

（四）建立多形式利益联结机制

农村产业融合，最根本的是让农户分享到产业增值收益，而健全的利益联结机制是关键所在。《意见》提出了订单农业、股份合作等联结方式，并从强化工商企业社会责任、健全风险防范机制等方面对保障农民利益做了规定。

1. 创新发展订单农业

引导龙头企业在平等互利基础上，与农户、家庭农场、农民合作社签订农产品购销合同，合理确定收购价格，形成稳定购销关系；支持龙头企业为农户、家庭农场、农民合作社提供贷款担保，资助订单农户参加农业保险；鼓励农产品产销合作，建立技术开发、生产标准和质量追溯体系，设立共同营销基金，打造联合品牌，实现利益共享。

2. 鼓励发展股份合作

以土地、林地为基础的各种形式合作，凡是享受财政投入或政策支持的承包经营者均应成为股东方，并采取"保底收益＋按股分红"等形式，让农户分享加工、销售环节收益；探索形成以农户承包土地经营权入股的股份合作社、股份合作制企业利润分配机制，切实保障土地经营权入股部分的收益。

3. 强化工商企业社会责任

鼓励从事农村产业融合发展的工商企业优先聘用流转出土地的农民，为其提供技能培训、就业岗位和社会保障。强化龙头企业联农带农激励机制，国家相关扶持政策与利益联结机制相挂钩。

4. 健全风险防范机制

稳定土地流转关系，推广实物计租货币结算、租金动态调整等计价方式；引导各地建立土地流转、订单农业等风险保障金制度，并探索与农业保险、担保相结合，提高风险防范能力；加强土地流转、订单等合同履约监督，建立健全纠纷调解仲裁体系，保护双方合法权益。

（五）完善农村产业融合服务和政策

《意见》从搭建公共服务平台、创新农村金融服务、强化人才科技支撑、改善农业基础设施条件、加大财税支持等方面提出了一系列政策措施，其中农村金融服务后面详细介绍，这里不再论及，下面介绍与农业从业者联系最紧密的几个方面。

1. 强化人才和科技支撑

加快发展农村教育特别是职业教育，加大农村实用人才和新型职业农民培育力度。加大政策扶持力度，引导各类科技人员、大中专毕业生等到农村创业，实施鼓励农民工等人员返乡创业三年行动计划和现代青年农场主计划，开展百万乡村旅游创客行动。

小知识

农民工等人员返乡创业三年行动计划

2015年6月，国务院办公厅下发《关于支持农民工等人员返乡创业的意见》，对农民工等人员返乡创业出台了五项政策：一是降低返乡创业门槛。二是落实定向减税和普遍性降费政策，符合政策规定条件的，可享受减征企业所得税，免征增值税、营业税等税费减免政策。三是加大财政支持力度，对符合条件的企业和人员，按规定给予社保补贴。具备享受支农惠农、小微企业扶持政策规定条件的纳入扶持范围；经工商登记注册的网络商户从业人员，同等享受各项就业创业扶持政策；未经工商登记注册的，可同等享受灵活就业人员扶持政策。四是强化返乡创业金融服务。运用创业投资类基金支持农民工等人员返乡创业；加快发展村镇银行、农村信用社和小额贷款公司，鼓励银行业金融机构开发有针对性的金融产品和金融服务；加大对返乡创业人员的信贷支持和服务力度，对符合条件的给予创业担保贷款。五是完善返

四 完善基础设施
支持返乡创业

三 开发农业农村
资源支持返乡创业

五 电子商务
进农村综合示范

二 整合发展
农民工返乡创业园

农民工等人员返乡创业
三年行动计划

六 创业培训

一 提升
基层创业服务能力

七 返乡创业与
万众创新有序对接

乡创业园支持政策。同时，还从七个方面落实农民工等人员返乡创业三年行动计划（2015~2017 年）：一是提升基层创业服务能力行动计划，加强基层就业和社会保障服务设施建设，提升专业化创业服务能力；二是整合发展农民工返乡创业园行动计划，依托存量资源整合发展一批农民工返乡创业园；三是开发农业农村资源支持返乡创业行动计划，培育一批新型农业经营主体，开发特色产业，保护与发展少数民族传统手工艺，促进创业；四是完善基础设施支持返乡创业行动计划，改善信息、交通、物流等基础设施条件；五是电子商务进农村综合示范行动计划，培育一批电子商务进农村综合示范县；六是创业培训专项行动计划，推进优质创业培训资源下县乡；七是返乡创业与万众创新有序对接行动计划，引导和推动建设一批市场化、专业化的众创空间。

现代青年农场主计划

"现代青年农场主计划"是农业部、教育部、团中央共同实施的一项计划，采取培育一批、吸引一批、储备一批的方法，经过培训指导、创业孵化、认定管理、政策扶持和跟踪服务等系统的培育，在全国形成一支创业能力强、技能水平高、带动作用大的青年农场主队伍。培育对象是具有一定的产业基础，具有高中及以上学历（或相当于高中学历），年龄在 18~45 周岁的种养大户、家庭农场经营者、农民合作社骨干、返乡创业大学生、中高职毕业生、返乡农民工和退伍军人均可提出申请，重点向新型农业经营主体倾斜。农业部、教育部、团中央将现代青年农场主列为重点支持对象，相关行业项目、人才激励政策向其倾斜。2015 年，农业部将从青年农场主培育对象中遴选 100 名作为"风鹏行动·新型职业农民"资助对象，由中华农业科教基金会每人资助 1 万元。联合中国邮政储蓄银行设立专属金融产品，提供配套金融服务。

2. 改善农业农村基础设施条件

统筹实施全国高标准农田建设总体规划，继续加强农村土地整治和农田水利基础设施建设，改造提升中低产田。加快完善农村水、电、路、通信等基础设施，加强农村环境整治和生态保护。统筹规划建设农村物流设施，逐步健全以县、乡、村三级物流节点为支撑的农村物流网络体系。

3. 加大财税支持力度

支持地方扩大农产品加工企业进项税额核定扣除试点行业范围，完善农产品初加工所得税优惠目录。落实小微企业税收扶持政策，积极支持"互联网＋现代农业"等新型农业业态和商业模式发展。统筹安排财政涉农资金，加大对农村产业融合投入，中央财政在现有资金渠道内安排一部分资金支持农村产业融合发展试点，中央预算内投资、农业综合开发资金等向农村产业融合发展项目倾斜。

4. 落实用地政策

在各省（自治区、直辖市）年度建设用地指标中单列一定比例，专门用于新型农业经营主体进行农产品加工、仓储物流、产地批发市场等辅助设施建设。通过农村闲置宅基地整理、土地整治等新增的耕地和建设用地，优先用于农村产业融合发展。

一般情况下，在中央提出某一政策目标后，相关部门就会出台相关政策并设立相应的资金、项目、工程去实现这一政策目标。了解这些资金项目的标准、程序，是争取资金项目的必要条件，也有助于了解政府的政策取向。以下介绍农村产业融合发展试点、"百县千乡万村"试点示范工程、农村产业融合发展先导区等三个重要的资金项目。

1. 农村产业融合发展试点

农村产业融合发展试点是农业部和财政部联合实施的项目，试点单位是省（自治区、直辖市）。试点项目要求，各试点省（自治区、直辖市）要按照"基在农业、利在农民、惠在农村"的思路，以促进农民增收为核心，以延伸农业产业链、完善利益联结机制为切入点，着力构建农业与二三产业交叉融合的现代产业体系，进一步促进农业提质增效、农民就业增收和农村繁荣稳定。中央财政对试点省（自治区、直辖市）开展试点，实现财政补助，补助资金重点支持带动或辐射农民分享二三产业增值收益的新型农业经营主体和农业产业化龙头企业，主要用于发展农产品加工流通和直供直销、农村电子商务、农业多功能性拓展、产业扶贫等工作。中央财政补助资金可采取"先建后补"、贷款贴息、设立产业引导基金等方式，支持农村一二三产业融合发展的关键环节和重点领域。财政补助资金形成的资产应折股量化到普通农户或组织成员，使其参与全产业链、价值链利益分配。严禁将补助资金用于农民不参与利润分配、未

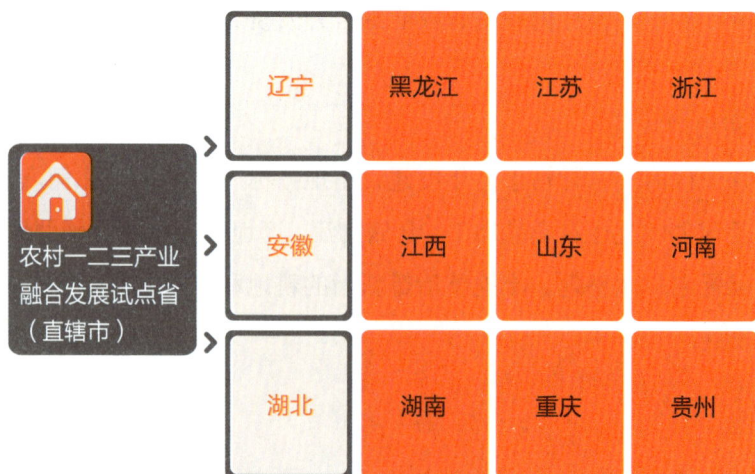

农村一二三产业融合发展试点省（直辖市）	辽宁	黑龙江	江苏	浙江
	安徽	江西	山东	河南
	湖北	湖南	重庆	贵州

形成有效利益联结机制的项目。2016 年，农业部、财政部采取竞争立项的方式，确定辽宁、黑龙江、江苏、浙江、安徽、江西、山东、河南、湖北、湖南、重庆、贵州 12 个省（直辖市）作为农村一二三产业融合发展试点省（直辖市）。

2. 农村产业融合"百县千乡万村"试点示范工程

"百县千乡万村"试点示范工程是国家发展和改革委员会、财政部、农业部、工业和信息化部、商务部、国土资源部、国家旅游局等七部门联合实施的。工程采取分级负责的方式，中央层面重点抓好"百县"试点示范工程，乡级、村级试点示范参照县级方式，分别由省级、县级有关部门负责。"百县千乡万村"试点示范工程主要支持产业规模较大的区域，考虑因素包括农林牧渔业总产值、规模以上农产品加工业主营业务收入、农村地区社会消费品零售总额占全国的比重、农业产业化经营组织规模与数量等。示范县按省分配名额，最多不超过 5 个，试点示范乡、村的数量不超过试点示范县数的 10 倍、100 倍。

县级试点示范有六大任务。

一是优化县域空间发展布局。探索农村产业融合发展与新型城镇化相结合的有效途径，合理规划县域内城乡产业布局，引导二三产业向县城、重点乡镇及产业园区等集中，发挥产业集聚优势，提高综合竞争力和企业经济效益。加强规划引导和市场开发，通过培育农产品加工、商贸物流、休闲旅游等专业特色小城镇，实现产业发展和人口集聚相互促进、融合发展。

二是探索多种产业融合形式。支持试点示范县结合地方资源优势，通过推进农业内部融合、延伸农业产业链、拓展农业多种功能、发展农业新型业态等多种形式，探索并总结一批适合不同地区的农业产业融合商业模式，努力构建农业与二三产业交叉融合的现代农业产业体系。

三是培育多元化产业融合主体，激发产业融合活力。重点是探索农民合作社和家庭农场在农村产业融合中更好发挥作用的有效途径，鼓励农民合作社发展农产品加工、销售，鼓励家庭农场开展农产品直销。支持龙头企业和领军企业通过直接投资、参股经营、签订长期供销合同等方式建设标准化、规模化原料生产基地以及营销设施，带动农户和农民合作社发展适度规模经营。引导行业协会和产业联盟发展，加强产业链整合和供应链管理。

四是健全产业链利益联结机制，让农民更多分享产业增值收益。鼓励试点示范县围绕股份合作、订单合同、服务协作、流转聘用等利益联结模式，建立龙头企业与农户风险共担的利益共同体。引导龙头企业创办或入股合作组织，支持农民合作社入股或兴办龙头企业，采取"保底收益、按股分红"的分配方式，实现龙头企业与农民合作社深度融合。鼓励试点示范县将财政资金投入农业农村形成的经营性资产，通过股权量化到户，让集体（合作）经济组织成员长期分享资产收益。

五是创新产业融合投融资机制，拓宽资金渠道。按照企业主导、政府支持、社会参与、市场运作的原则，进一步完善农村产业融合投融资体制。对社会资本投资建设连片面积达到一定规模的高标准农田、生态公益林等，允许利用一定比例土地，按规划开展观光和休闲度假旅游、加工流通等经营活动。综合运用奖励、补助、税收优惠等政策，鼓励金融机构与新型农业经营主体建立紧密合作关系，推广产业链金融模式，加大对农村产业融合发展的信贷支持。

六是加强基础设施建设，完善产业融合服务。支持试点示范县加强农村基础设施建设，改善物流基础设施，完善交通运输网络体系，推动水电路、信息等基础设施城乡联网、共建共享。合理布局教育、医疗、文化、旅游、体育等公共服务设施，提升宜居宜业水平。支持试点示范县搭建农村综合性信息化服务平台，提供电子商务、休闲农业与乡村旅游、农业物联网、价格信息、公共营销、创业孵化等服务。

小知识

试点示范县的基本条件

一是县域发展农产品加工、乡村旅游、休闲农业、农民创业创新具备一定基础。二是县域经济范围内以农业农村为基本依托，现代生产经营方式广泛应用，农村一二三产业已经呈现出融合发展趋势。三是新型农业经营主体不断壮大，在探索多种形式利益联结机制方面已有较好基础。

试点示范县的类型

一是农业内部融合型。以农牧结合、农林结合、循环发展为导向调整优化农业种养结构，无公害、绿色、有机农产品和地理标志农产品比例高，农业废弃物综合利用水平高，实现经济效益和生态保护统一。二是产业链延伸型。农业向后延伸或者农产品加工业、农业生产生活服务业向农业延伸，促进农业产业链各环节紧密结合，提高农产品附加值。通过农业产业化龙头企业和农产品加工领军企业带动农产品加工原料基地建设，发展农业规模经营；支持农民合作社和家庭农场发展农产品加工和农产品直销等。三是功能拓展型。农业通过与其他产业的功能互补，赋予农业新的附加功能。如农业与旅游业、文化创意产业、能源工业等相结合衍生出的休闲农业或乡村旅游、创意农业和能源农业等新业态项目。四是新技术渗透型。技术密集或信息化程度高，农产品生产、交易和农业融资方式先进。例如，信息技术、物联网技术等新技术在农业中的应用，产生的涉农电子商务、农业互联网金融、智慧农业等项目。五是产城融合型。农村产业融合与新型城镇化联动发展，县域内城乡产业布局规划合理，二三产业在县城、重点乡镇及产业园区等集聚度较高，较好发挥对人口集聚和城镇建设的带动作用，形成了一批农产品加工、商贸物流、休闲旅游等专业特色小城镇。

试点示范县的类型

- 农业内部融合型
- 产业链延伸型
- 功能拓展型
- 新技术渗透型
- 产城融合型

3. 农村产业融合发展先导区

农村产业融合发展先导区是农业部农产品加工局具体负责的项目，其以县域范围内的农产品加工园区为主体单元开展创建，是融标准化原料基地、集约化加工园区、体系化物流配送市场营销网络"三化一体"，并与推进新型城镇化、新农村建设结合，实现镇（城）区、园区、农区"三区互动"的融合发展先导区。

农村产业融合发展先导区创建的目标是，2016~2018年，在全国范围创建300个左右的产业融合发展先导区，农业实行规模化、标准化和专业化生产，农产品加工业发展质量和效益明显提高，休闲农业和乡村旅游发展规模和水平持续提升，农业市场流通服务体系建设和发展不断完善，让农民分享二三产业增值收益，实现农民持续增收。

融合发展先导区重点在优势农产品区域、特色农产品区域、大中城市郊区及都市农业区域择优创建一批先导区，同时探索在经济落后及贫困地区通过先导区创建实现精准扶贫和就地脱贫。根据不同区域的特点，分别探索不同区域农村产业融合发展与农业现代化、新型城镇化及工业化相结合的有效途径；推进多种产业融合发展，总结农村一二三产业融合发展商业模式，构建现代农业产业体系；培育农民合作社、家庭农场、龙头企业、领军企业、行业协会、新农人等多元化产业融合主体，激发产业活力，构建现代农业经营体系；加强水电路、信息、物流等基础设施建设，完善公共服务设施和各类服务平台建设，构建现代农业生产体系；围绕股份合作、订单合同、服务协作等多种利益联结模式，健全利益联结机制，使农民能分享更多产业增值收益；挖掘不同区域农村资源资产资金潜力，完善农村产业融合投融资机制，充分拓宽资金渠道。

小知识

融合发展先导区的基本标准和条件

一是产业基础良好。具有较为明显的优势或主导产业，产业链条相对完整，产业集聚程度高，能够体现当地农业经济或农产品生产的优势与特色。通过直接投资、参股经营、签订长期供销合同等方式建设标准化、规模化原料生产基地以及营销设施，带动农户和农民合作社发展适度规模经营。园区内80%以上企业是农产品加工企业，有2~3家省级以上龙头企业。配套体系化物流配送市场营销网络，具备电子商务、休闲农业与乡村旅游、农业物联网、价格信息、公共营销等服务功能。二是新型业态丰富。应用信息技术、

融合发展先导区的基本标准和条件

产业基础良好 | 新型业态丰富 | 产城融合协调 | 利益联结紧密

生物技术、能源技术等现代技术，发展电子商务、物流配送及综合服务，鼓励创意农业、高科技农业的发展，积极探索农产品个性化定制服务、会展农业、中央厨房、食品短链、社区支农、农业众筹等新型业态。三是产城融合协调。产业与城镇发展空间具有协调性，产业及其园区建设与城镇的发展互为支柱和依托；农村二三产业集聚度较高，较好发挥对人口集聚和城镇建设的带动作用，形成农产品加工、商贸物流、休闲旅游等专业特色园区、集聚区。四是利益联结紧密。企业、农民合作社、家庭农场、种养大户、专业大户、普通农户等经营主体之间，以购销合同、提供贷款担保、产销合作等方式存在较为紧密的利益联结。农户向农民合作社和企业注资或以土地经营权入股，采取"保底收益、按股分红"的分配方式，龙头企业与农民合作社深度融合。带动周边大部分农民按照加工流通、电子商务或休闲观光需求组织生产。

四、金融支持农村一二三产业融合发展

金融是产业发展的核心和血脉，金融支持是推进农村产业融合发展的重要手段。中国农业银行作为金融支农的主力军，专门下发了支持农村产业融合发展的文件，并与农业部联合下发了支持农村产业融合发展试点示范项目的文件。以下具体介绍这两个文件，以期为融合主体获取金融支持提供索引。

1. 中国农业银行信贷资金支持农村产业融合发展

2016 年 2 月，中国农业银行下发《关于做好农村一二三产业融合发展金融服务的意见》，从七个方面明确了服务重点。

一是支持新型农业经营主体发展。主要针对龙头企业、农民合作社、家庭

农场等新型农业经营主体，提出了金融支持的方向和重点。主要政策有：深入开展农业产业化龙头企业"百亿百家"行动，进一步加强与国家级、省级农业产业化龙头企业的合作，加大对龙头企业建设农业生产基地、开展农产品加工、发展物流和销售体系等的支持力度，为企业发债、兼并、重组、上市、"走出去"等提供金融服务；完善金融支持农民合作社的政策产品，深入实施"万社促进计划"，进一步加大对国家级示范社等的支持力度，为其拓展合作领域和服务内容提供全面金融服务；充分利用好专业大户（家庭农场）普查成果，加大对重点专业大户（家庭农场）的营销力度；积极利用订单质押贷款、企业担保贷款等产品，支持龙头企业与农户、农民合作社、家庭农场等发展订单农业，形成紧密利益联结机制；进一步完善推广农村土地经营权贷款产品，紧密跟踪国家开展的粮食生产规模经营主体营销贷款改革试点情况，深入总结福建安溪茶产业服务模式、山东"六和模式"等成功经验，完善推广农业产业链金融服务。

二是支持农业多功能开发。主要围绕开发农业休闲旅游功能，加大对休闲农业的支持。主要政策有：深入推进"美丽中国·旅游百县"活动，加强对县级重点旅游景点的金融服务；适时出台全行性"农家乐"贷款产品，进一步加大对"农家乐"的支持力度；积极支持各地利用农村闲置房屋、集体建设用地、"四荒地"等发展乡村旅游；加强与政府、企业等主体合作，支持其推进农业与教育、文化、健康养老等产业深度融合。

三是支持新型城镇化和要素集聚。主要围绕支持城镇化建设和农产品加工物流园区建设。主要政策有：积极拓展第一批64个新型城镇化综合试点项目，主动与第二批59个试点地区政府主管部门对接，支持市政供水、保障房建设、工业园区、学校医院等城市基础设施及公共服务项目；对接各地新型城镇化发展规划，支持农产品加工、商贸物流等专业特色小城镇建设，助力农村二三产业向县城和重点乡镇集中；对接国家引导农产品深加工企业向优势产区和关键物流节点集中的政策，切实加强与相关区域农业产业化示范基地、现代农业示范区等的合作，积极支持园区（基地）建设；继续开展"物通城乡·百强市场"活动，以大型农产品集散中心、物流配送中心和展销中心等为重点，支持农产品流通体系的发展；结合各地农业科技园区、育种制种基地等的建设情况，积极探索金融支持农业科技企业、科技园区的有效模式。

四是支持农业新业态发展。主要围绕支持农业新型业态，创新金融服务。

主要政策有：配合国家"互联网+现代农业"行动，积极推广"E农管家""四融""银信通"等平台，加强农产品电商平台及互联网金融"三农"服务平台的建设；积极探索和支持数据网贷、农业物联网、创意农业、高科技农业、会展农业等新兴业态。

五是支持基础设施和公共服务平台建设。主要围绕农村水、电、路、通信等基础设施以及各类公共服务开展金融支持。主要政策有：完善推广贵州、浙江、江苏等分行支持"美丽乡村"建设试点经验，加大对农村水、电、路、通信设施等的支持力度，积极支持高标准农田、重大水利工程项目等农业基础设施建设；进一步完善大学生、农民工返乡创业贷款产品，支持农村创业创新；积极与农村创业孵化平台、农村产权流转交易市场等合作，共享客户信息、交易信息等，相互推荐优质客户，实现双赢。

六是支持贫困地区农村产业融合发展。主要围绕金融支持脱贫攻坚，创新金融产品和金融服务。主要政策有：倾斜配置832个扶贫开发重点县支行信贷规模，确保每年新增贷款投放高于700亿元，力争达到1000亿元。结合贫困地区资源禀赋，着力支持贫困地区发展特色种养业、特色资源开发、农产品加工业和乡村旅游、电子商务等，提升产业发展水平。

七是加强与供销社和农垦的合作。主要围绕支持供销社系统和农垦系统。主要政策有：对符合条件的供销社、农垦下属龙头企业优先纳入核心客户，加大服务力度；探索有效合作模式，实现供销社"新网工程"与中国农业银行"金穗惠农通"工程的对接；以垦区为重点，加大对高标准农田建设贷款、农业水利设施建设贷款、农机租赁、投行等业务拓展力度，支持其改组创建大型现代农业企业集团。

2. 政银合作支持农村产业融合发展试点示范项目

2016年8月，农业部和中国农业银行加强政银合作，联合下发了《关于金融支持农村一二三产业融合发展试点示范项目的通知》，加大对农村产业融合发展试点示范项目的金融支持，促进延伸产业链，提升价值链，拓宽增收链，推动粮食等主要农产品生产、储藏、初加工、精深加工、综合利用、销售、餐饮、休闲旅游等一体化融合发展。

一是新型农业经营主体发展加工流通和直供直销。支持农民合作社等新型农业经营主体，发展包括采收、产地处理、储藏、烘干等初加工及运输、销售等环节和休闲旅游设施建设，开展综合性服务、农村电子商务等平台建设。优先支持新型经营主体利用"四荒地"开展农村产业融合活动，探索新型经营组织的生产设施用地、附属设施用地和配套设施等使用权抵押融资模式；鼓励探索企业与企业、农民与市民、政府与企业、合作社与城市社区等多种合作方式，推进农村产业融合发展商业模式创新。

二是大型原料基地与加工流通企业协同升级。支持粮棉油糖等大宗农产品生产原料基地与农产品加工领军企业、龙头企业技术装备升级的协同建设，特色农产品原料基地与农产品加工流通企业技术研发一体升级，"菜篮子"产品生产基地与大型中央厨房供应体系的联动发展；支持原料基地研发并规模化种植适用于加工的专用原料品种，支持加工企业技术研发升级，完善仓储物流设施，健全市场营销网络，加快发展电子商务，推进品牌化建设。

三是农产品加工流通企业与农户联合建设原料基地和营销设施。支持农产品加工流通企业，与一定数量的农户合作共建标准化原料基地、农产品保鲜包装、主食加工、直销配送或餐饮服务设施；支持企业和农户创新订单农业，企业为农户提供贷款担保、资助订单农户参加农业保险；支持企业发展股份合作，采取"保底分红＋按股分红"等方式，让农户分享加工销售环节收益。

四是休闲农业经营主体与农户联合建设公共服务设施。支持休闲农业聚集村和带动农民分享利润的休闲农园、电子商务企业，建设进村道路、生态停车场、田间观光道路、观景台、农耕文化科普展示场所、多功能生产体验中心、垃圾污水收集处理设施等公共基础设施和配套服务设施。

五是农村产业融合发展先导区建设。支持农村产业融合发展先导区、农产品加工园区、国家农业产业化示范基地、全国农产品及加工副产物综合利用试点园区、全国农产品加工示范基地等建设标准化、规模化原料生产基地以及营销设施，带动农户和农民合作社发展适度规模经营；建设农产品及加工副产物综合利用公共设施，对副产物进行循环利用、高值利用、梯次利用；建设配套体系化物流配送市场营销网络，拓展电子商务、休闲农业和乡村旅游、农业物联网、价格信息、公共营销等服务功能；应用信息技术、生物技术、能源技术等现代技术，发展电子商务、物流配送及综合服务，拓展创意农业、高科技农业、会展农业、中央厨房、食品短链、社区支农、农业众筹等新型业态。

六是农民创办领办农村一二三产业实体。支持返乡农民工、中高等学校毕业生、退役士兵、新型职业农民、农村实用人才、技术能手、大学生村官等创办领办家庭农场、农民合作社和小微企业等市场主体，发展设施农业、规模种养业、农产品加工业、民俗民族工艺产业、休闲农业和乡村旅游、农产品流通与电子商务、养老家政服务、生产资料供应服务等农村一二三产业。

同时，该文件还特别强调了政银合作，提出各级农业部门要发挥行业主管部门优势，加强项目指导和行业服务，促进财政支农各项补贴专项与农业银行金融资金有效结合，放大财政加金融支持农村产业融合发展效果；各级农业银行要根据产业融合发展项目的要求，稳步增加贷款投放规模，适当下浮贷款利率，优化期限结构，创新产品和服务。

单元二
农村一二三产业融合的类型和模式

单元提示

1. 按照推动主体划分
2. 按照产业关联方式划分
3. 产业融合的几种主要新型业态介绍

一、按照推动主体划分

1. 农户主导型

所谓农户主导型,是指在产业链建设中,依托当地农户开发当地优势资源,并逐步由农业生产向农产品加工、营销以及乡村旅游等方面拓展,最终形成农村一二三产业融合发展的态势。农户主导型主要包括农产品地产地销模式、农家乐模式、家庭手工艺品产销模式等。

小知识

地产地销模式——南京市江宁区郡坊村

郡坊村位于南京市近郊,其所在的汤山街道也是江浙沪地区比较有名的旅游目的地。郡坊村依托这一得天独厚的优势,动员本村村民发展农家乐,开发农业的多功能性,重点打造了豆腐坊、粉丝坊、酱坊、茶坊、糕坊、面坊、油坊、炒米坊等具有地方特色的"七坊"主题农家乐，依托当地自产的农作物，让老手艺人现场制作，向游客展示农副食品传统工艺流程并现场售卖食品，游客也可以参与其中体验劳动的乐趣。据村干部介绍，郊坊村在节假日游客经常爆满，生产的产品供不应求，当地农民也得到了实惠。

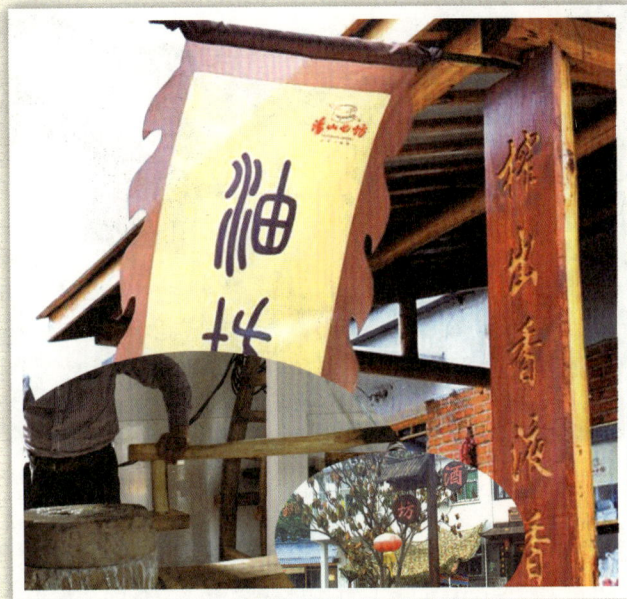

还原传统酿造工艺现场（郊坊村）

农家乐模式——苏州西山农家乐

　　江苏省苏州市西山镇（现为金庭镇）凭借优越的自然景观和丰富的物产较早开展了农家乐旅游，吸引了不少游客，当地居民的年均收入有了很大的提高。现在的农家乐有餐饮住宿、鱼塘鱼池、棋牌游戏室、卡拉 OK 演唱厅等，有条件的还有果园、时鲜蔬菜种植园等。春夏秋冬各个季节都有各自的应季活动，春季踏青赏梅、采摘碧螺春，夏季采摘枇杷、杨梅，秋季采摘橘子、板栗，冬季品大闸蟹。可以说，这里的农家乐发展得有声有色。如果打开百度输入"西山农家乐旅游"，就会有 8 万多条有关信息，西山农家乐还建立了专门的官网和微信公众号，可见它已形成了一定规模。西山农家乐旅游网站有太湖山水间、缥缈近水湾等十几家，很多农家乐发展取得了很大成绩，如太湖山水间酒店经过 5 年的餐饮市场历练，打造出的特色菜肴以太湖

苏州西山风景一角

湖鲜、农家菜肴为主要原材料，在继承苏帮菜传统精华（用料上乘、鲜甜可口、讲究火候、浓油赤酱）的基础上，开拓性地演进，以创新的变化带动现代的消费。

家庭手工艺品产销模式
——山东嘉祥仲山镇手工艺品加工

在仲山镇仲东村，有很多农村妇女在家悠闲地做着手链编织、手机挂饰加工等小打小闹的手工艺品活儿。"这个活儿既不需要技术，也不耽误在家看孩子，每月也能有个上千元的收入，真是忙里偷闲赚'外快'！"村民刘文霞乐呵呵地说。

仲山镇位于嘉祥县西南部，交通区位优势不明显，拥有人口6.4万人，常年在外打工的劳动力就达2万人。近年来，随着沿海与内地经济融合的加快，仲山镇出现了很多从事手工艺品加工的经纪人，这些经纪人通过网上接收订单，再通过长途客车发货、接货、收货，自己在家当起了"小老板"，收入十分可观。

据不完全统计，全镇从事手工艺品加工的可达 100 余户，从业人员 2 000 余人，每户年均可增收 6 000 余元，手工艺品加工已成为该镇农村妇女创收的新亮点。据悉，手工艺品加工不仅带动了农村贫困妇女、低收入农户及农村闲散劳动力就业增收，而且进一步净化了村风民风，村里邻里通过在一起"串串手链"融洽了关系。

手工编织图（山东嘉祥）

农户主导型融合模式，依托当地农户开发当地资源，既延伸了产业链条，又开发了农业的多功能，让产业的增值收益完全留在了农村、留给了农民，是产业融合的一种典型案例。当然，这种模式也有其不足之处，主要表现为易受农村区位优势和资源禀赋的限制；农民的积累比较有限且速度较慢，完全依靠农民积累，发展往往会受到资金、技术等方面的制约。

2. 农民合作社主导型

所谓农民合作社主导型，是指在产业链建设中，依托农民合作社兴办加工和流通，将产业链条逐步由生产环节向加工和流通环节延伸，最终形成农村一二三产业融合发展的态势。农民合作社主导型主要包括合作社办加工模式、农超对接模式、农社对接模式等。

合作社办加工模式
——北京奥金达蜂产品专业合作社

北京奥金达蜂产品专业合作社坐落在北京市密云县高岭镇高岭村，2004年由4位发起人组建成立，最初有4个乡（镇）34户蜂农入社，此后不断发展壮大。合作社现有社员490户，非社员350户，遍及北京市3个区（县）并辐射带动河北省承德地区滦平、平泉、丰宁、承德、兴隆等5个县。养蜂存栏达6.1万群，是北京市唯一一家集蜜蜂养殖、蜜蜂授粉、蜂业旅游，蜂产品加工、储存、运输、销售于一体的综合型农民合作社。

2007年年初，经成员代表大会同意，合作社投资300万元新建蜂产品加工生产线，其中建厂房、库房1 600平方米投入190万元，加工设备投入110万元。政府贷款和蜂农入股各占一半。2007年4月动工，经过7个月的建设完工，在北京百花蜂产品公司的技术指导下，于2007年12月正式投产使用。2007年3月合作社注册了"花彤"商标，目前共形成了3大类产品、13个品种，产品进入了北京市各区（县）名特优农产品销售处。目前合作社收购的蜂蜜除为北京百花蜂产品公司贴标加工外，其余全部贴自己品牌销售。2015年，"花彤"牌商标被国家工商行政管理总局认定为中国驰名商标。

截至2014年年底，合作社实现产品销售收入2 644.9万元，上缴税费总额49.1万元，实现利润97.6万元，蜂农二次分红73.2万元，养蜂户平均收入达到了5.3万元。

农超对接模式——安徽超凡种植专业合作社

安徽省黄山市歙县超凡种植专业合作社共有大棚1 000多亩，主要种植茄子、辣椒、毛豆等蔬菜，水果则以西瓜为主。在合作社没有和超市进行农超对接之前，西瓜都是运往外地或是在马路边卖，销量很不稳定，价格也得不到保证。在2015年5月召开的黄山市第二届农超对接洽谈会上，合作社负责人与黄山天润发超市取得了联系，在实地考察探访蔬菜瓜果种植现场后，天润发超市与超凡种植专业合作社签订了一份农超对接合同，分批次签订价格，包括蔬菜瓜果在内的农产品都能供应市场。据合作社负责人介绍："超市每次都来两三辆车，每辆车装 2 500 多千克西瓜，再配一点其他蔬菜。和超市合作，量大也不愁卖，收购价我们也很满意。"

农社对接模式——江西小洲种养殖专业合作社

小洲种养殖专业合作社位于江西省新建县，主要从事蔬菜、肉类、禽蛋的生产和初加工。从 2012 年开始，小洲种养殖专业合作社在南昌市的社区逐步设立了 20 多个直销店（点），开展农产品直供直销。位于红谷世纪花园小区的直销店，采取的是在小区外搭建 200 平方米的销售大棚的方式，经营蔬菜、肉类、蛋类、水产、粮油等 20 多种农副产品以及一些日常生活用品，直销店每天毛收入 2 万多元。该合作社还在南昌市设立了 30 多个车载市场，主要销售蔬菜、蛋类和肉类，每个市场每天销售收入达 6 000 多元，很受周边居民欢迎。

农民合作社主导型，实际上是以农民合作社为组织载体，建立集农产品生产、加工、销售于一体的产业综合体。农民通过合作社这个载体，实现了产业链条的延伸和产品的增值，并通过合作社的分配机制分享到了增值收益，是一种非常好的产业融合模式。同时，应该看到，农民合作社主导型对合作社的规模和实力有较高的要求，合作社农产品须供给数量较大、质量水平较高、品类较为丰富，且发展资金和人才储备比较充足，一般合作社很难达到。此外，该模式的健康发展还取决于合作社运行的规范性及其产生的向心力，否则很难持续下去。因此，该模式适用于规模较大、实力较强、运行较为规范、人才支撑较为有力的合作社或合作联社。

3. 龙头企业主导型

所谓龙头企业主导型，是指在产业链建设中，依托农产品加工或流通龙头企业，向前延伸产业链条，建立生产基地并与农民建立利益共享机制，将产业链条覆盖农产品生产、加工和销售全过程，最终形成一二三产业融合发展的态势。龙头企业主导型主要包括"龙头企业＋农户""龙头企业＋基地＋农户""龙头企业＋农民合作社＋农户"模式等。如果说农户主导型与合作社主导型更注重产业链条的延伸，那么，龙头企业主导型更加强调价值链的完善，即处理好龙头企业与农户的利益关系，让农户分享到产业化的成果。

小知识

"龙头企业＋农户"模式
——河南金运肉食品有限公司

河南省漯河市的金运肉食品有限公司（简称"金运公司"）联合河南广安科技股份有限公司（简称"河南广安"）、漯河市华英水产养殖有限公司（简称"漯河华英"）、香港丰裕三家公司，围绕种猪养殖加工出口这一主导产业，实施安全种猪产供销一体化工程。具体内容：针对香港东南亚地区对 40~46 千克种猪的市场需求，由金运公司联合其他三家公司共同组织实施。首先，由金运公司与香港丰裕公司签订种猪供港合同，再由金运公司联合漯河华英与河南广安签订种猪饲料供应合同（金运公司、漯河华英和河南广安共同承担饲料销售基地管理等各项费用）；其次，由其他三家公司委托金运公司与养殖户签订产供销一体化合同，对其实行"五统一"服务，即统一供应饲料，统一提供养殖技术指导，统一传授防疫技术，统一供应种猪，统一按保护价收购签约户的种猪。公司对养殖

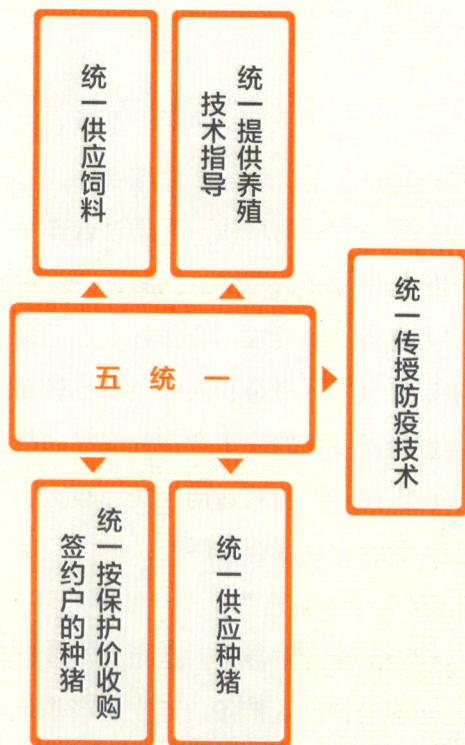

五统一
- 统一供应饲料
- 统一提供养殖技术指导
- 统一传授防疫技术
- 统一按保护价收购签约户的种猪
- 统一供应种猪

场实行建档归类管理，详细掌握每个养殖场猪群数量、品种情况、出入栏日期、种猪收购等情况。为了确保合同顺利执行，他们实行了合同公证，还实施了违约责任追究制，并对合同执行情况进行全程跟踪监控。

一体化工程的实施对公司和农户都有好处。对农户而言，一方面增加了养殖业的收益率，使养殖户可以分享到畜产品加工销售环节的增值；另一方面，通过契约的形式使交易对象较为稳定，降低了交易的不确定性和风险。对龙头企业来说，与农户的合作为企业提供了较为稳定的原料基地，降低了成本，并从源头上保证了产品质量，增加了收益。

"龙头企业 + 基地 + 农户" 模式
——湘西老爹生物有限公司

湖南湘西老爹生物有限公司是中国猕猴桃产业化经营的龙头企业，公司建有100吨果王素，2万吨果汁，5 000吨果脯、果籽饼干等多条生产线，共有专、兼职研发人员55人。从1998年4月开始，公司采取"公司 + 大基地 + 农户"的模式，在湘西实施以猕猴桃精深加工为主要内容的全国光彩事业重点项目——湘西猕猴桃产业化项目。经过10多年的努力，已将一个小小的猕猴桃开发成果王素，猕猴桃祛斑油，果汁，果脯、果籽饼干等4大类30多个精深加工产品，实现了一果多吃，精深加工水平居国际领先水平。在公司的带动下，湘西猕猴桃的种植面积已发展到15万亩，20多万中高海拔山区农民靠猕猴桃脱贫致富。

湘西老爹生物有限公司的成功，关键在于采取多种措施，打造龙头企业与农户之间有效的利益联结机制。一是以合约形式确立与公司的权利义务关系，规定猕猴桃和其他资源产品的保护价格。二是采取代理形式，即农村合作经济组织委托公司代理销售或加工农产品，公司委托合作经济组织代理收购农产品。三是创收返还形式，通过合作组织进行粗加工程序，公司向合作组织返回部分利润，合作组织再返回部分利润给农户。四是共建果品生产基地，在坚持土地承包的前提下，公司通过合作经济组织采取租赁或反租倒包的形式建立果品生产基地，实行专业化规模经营。五是公司通过合作组织对农户进行技术培训，合作组织保证果品的质量。六是试行"农产品批发商 + 农户"的形式，农户与批发商签订农产品的购销协议，果农根据批发商提供的市场信息安排生产，让种植专业户、运输专业户、信用社、代销店、外来客商共同组成批发商品市场，专门经销资源产品。

"龙头企业 + 合作社 + 农户"模式
——重庆二圣茶业公司

二圣茶叶公司位于重庆市巴南区，主要从事绿茶的生产、加工和销售。据公司负责人介绍，在原料供应问题上，公司既从市场收购，又自建基地，也扶持过专业大户和合作社。经过多年的摸索，公司发现合作社的产品质量更有保障且更为稳定，因此，合作社的原料供应占公司较大比重。具体来看，公司领办了巴茶之乡茶叶合作社，合作社按照公司的相关要求开展生产，产品以不低于市场价的价格提供给公司，合作社再按章程组织农户生产并分配利润，也就形成了"龙头企业 + 合作社 + 农户"的组织模式。本质上讲，合作社就成了公司的原料基地。

安徽现代农业产业化联合体

现代农业产业化联合体是以市场为导向，以龙头企业为核心，农民合作社为纽带，专业大户和家庭农场为基础，以契约形成要素、产业和利益的紧密联结，集生产、加工和服务为一体化的新型农业经营组织联盟。目前该省建立的联合体大致可分为以下四种类型：一是种苗繁育引领型；二是加工营销导向型；三是生产供应服务型；四是收储延伸保障型。据初步统计，目前全省已有各类型联合体近 700 个，形成的产值占全省农产品

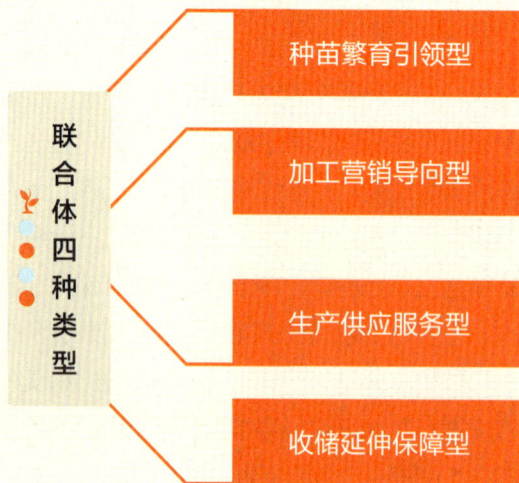

联合体四种类型

种苗繁育引领型

加工营销导向型

生产供应服务型

收储延伸保障型

加工产值的 20% 左右。

现代农业产业化联合体中,三大经营主体的功能定位分别是企业做市场,合作社搞服务,家庭农场和专业大户搞生产。农业企业发挥资金、人才、技术等方面优势,承担着农产品加工营销、统一制订生产规划和生产标准等任务,以优惠的价格向家庭农场和农民合作社提供种苗及农业生产资料,以高于市场的价格回收农产品;合作社上连龙头企业,下接家庭农场,起到中介纽带作用,并受龙头企业委托收购农产品,按照要求为家庭农场提供产前、产中、产后服务;家庭农场主要是按照龙头企业要求进行标准化生产,向企业提供安全可靠的农产品。三个主体之间形成生产要素联结、产业联结、利益联结。

通过近年来的运行,联合体生产经营模式效果逐步显现:一是促进农村一二三产业融合发展。联合体的建立,串联了农业产前、产中、产后各生产环节,覆盖了从原料基地到加工、流通各产业,有利于形成相对完整的产业链条,推动了从生产到销售的一体化发展。二是促进适度规模经营和新型主体培育。为保障农产品质量,龙头企业需要建立供应稳定、能掌控农资投入和生产管理的原料基地,必然要求规模连片,示范带动了专业大户、家庭农场、农民合作社等新型农业经营主体发育。亳州市占元产业化联合体加快土地承包经营权流转,培育一批种植面积 20~100 亩种植大户、300~500 亩的家庭农场。三是促进农业服务社会化。联合体内经营主体发挥各自优势,开展全程社会化服务,服务内容涵盖了产前的种子、化肥、农药、薄膜等农资供应环节。四是促进农民收入多元化。亳州市优质小麦产业联合体,以合作社、家庭农场形式为农民服务,积极发展订单农业,以契约的形式确保了企业的原料供应,提高了农民种植优质小麦的积极性,农业户年均增收 700 元,农民户年均纯收入比起非联合体区域多增收近 300 元。同时龙头企业、合作社、家庭农场在政府部门配合下,以优惠价格提供良种,加强技术指导服务,帮助农民减负降本。

"返租倒包"模式——昆明锦苑花卉公司

昆明锦苑花卉公司主营业务包括鲜切花种苗(球、子)繁育推广、鲜切花生产种植、鲜切花生产技术研究咨询服务、采后处理研究及咨询服务、冷

链物流运输、鲜切花进出口贸易、绿色食品出口贸易、现代生态旅游观光旅游等，产品主要销往国内和东南亚。公司通过自主研发或引进技术，在公司的种苗基地进行小试和中试，培育成功后再将种苗在基地（自己的基地）进行种植，然后进入产后加工环节，最后通过电子商务、拍卖市场等渠道进入终端消费市场，公司业务流程如下图所示。

```
┌──────────┐      ┌──────────┐      ┌──────────┐
│ ①研 发    │ ──▶ │ ②种苗培育 │ ──▶ │ ③鲜切花种植│
└──────────┘      └──────────┘      └──────────┘
                                          │
                                          ▼
┌──────────────┐      ┌──────────────────┐
│ ⑤国际国内终端直销│ ◀── │ ④采后处理及冷链运输 │
└──────────────┘      └──────────────────┘
```

锦苑花卉业务流程

公司在 20 年的发展过程中，商业模式也发生了重大变化。总的来看，其经历了三个阶段。一是初创阶段。据公司负责人介绍，公司在起家阶段，主要的业务就是种花，通过自建基地、雇用工人，种植市场需要的产品，种植规模从开始的几十亩到后来的几百亩。这一阶段的农业组织方式是典型的一体化科层组织结构，即企业化种植，从事的主要是上图中③阶段的种植业务。二是拓展阶段。在公司种花的过程中，公司负责人认识到科技特别是种质资源对花卉种植的重要性，因此不惜重金从荷兰引入先进技术，购买知识产权，这样公司就占领了花卉种植的前端领域，在生产环节就不会受制于人。接着，公司又将业务向后端延伸，将花卉销售作为公司的一项重要业务，相继开发了荷兰式拍卖市场、花拍在线电子商务等市场渠道。这样一来，公司的业务就覆盖了花卉产业的产前、产中、产后各领域。在这一阶段，公司的业务覆盖了上图①②③④⑤的全部流程。三是转型阶段。从 2014 年初开始，公司业务格局又进行了一次重大转型，将自身的花卉种植环节从主营业务中剥离出去，转包给农户种植再由企业来收购，即在农业种植环节实现了由自营型向反租倒包型的转变，而公司则专注于研发和销售及各类种植服务。用公司负责人的话讲，以前是种花、卖花，现在是做平台、搞运营、做服务，带动上下游产业链发展。在这一阶段，公司将业务③外包，自身从事①②④⑤。至此，公司的商业模式实现了由种植到产加销一体化到综合服务运营商的转变。

龙头企业主导型，其本质是通过龙头企业向农业导入先进要素并与农村土地和劳动力资源结合，实现对农业的引领和农民的带动。这种产业融合模式比较普遍，具有很强的生命力和可复制性。当然，这种模式的成功运行，也需要几个先决条件。首先，公司实力较强，具有一定的抗风险能力；其次，公司产品具备市场竞争力，有自己的品牌和比较稳定的销售渠道；最后，要构建好系统运行机制和收益分配机制，有效发挥合作社、协会、村集体等中介组织的桥梁纽带作用，节约企业与农户间的交易成本，减少交易双方的机会主义行为，实现企业与农户的稳定合作关系。

二、按照产业关联方式划分

从融合中的产业关联方式的角度，将新型农业经营主体与农村一二三产业融合发展的主要模式分为产业整合型融合模式、产业链延伸型融合模式、产业交叉型融合模式及技术渗透型融合模式。

（一）产业整合型融合模式

产业整合型融合模式是指种植业、养殖业、畜牧业等第一产业子产业依据产业链基本原理在经营主体内或主体之间建立起产业上下游之间的有机关联，采用循环产业链，提高资源综合利用率。例如，第一产业内不同类型之间的整合，如种植与养殖相结合，种植和养殖资源循环利用；也包括农村一二三产业间的纵向循环整合，如综合利用第一产业的副产品和废弃物，来作为二三产业的原材料、辅助材料及深加工品等。

1. 模式的特点

该模式产业融合的最终目标是建立起"资源—产品—废弃物—再生资源"完整的农业生物产业链。在产业生态循环经济体系下，研究并应用最新科技手段，以现代农业物质循环流动方式，高效运营资源，发展资源节约、环境友好型的生态农业。采用具有地方特色的"减量化、资源化、再利用"的循环产业链，以绿色、环保、生态、节能减排、资源综合开发与循环利用的理念贯彻整个模式的实践过程。

该模式能保护和改善生态环境，延伸产业链，丰富农产品结构，提高农产品附加值，满足市场消费需求，为农业和农村带来良好的经济效益和社会效益。

2. 典型案例

（1）江苏鑫缘集团整合型融合模式。江苏鑫缘集团的发展历程是一个从"茧贩子"通过不断发展壮大成为现代化农业龙头企业的过程。在发展过程中，农村一二三产业整合型融合模式的实践应用贯穿始终，指引着集团产业化发展方向。一方面，在第一产业内不同类型之间进行整合。例如，桑树种植与桑蚕养殖之间的整合，桑树的种植为桑蚕提供了食物的保障，而桑蚕的粪便可以加工为桑树种植必不可少的天然肥料。另一方面，产业间进行纵向循环整合，将桑蚕茧丝副产物和深加工废弃物进行综合利用。例如，利用桑蚕茧生产过程中产生的副产品生产绢丝；双宫茧生产高弹性、远红外、香囊保健功能性蚕丝被；蚕蛹生产蛋白粉、蚕蛹油；蚕沙生产保健蚕沙枕；桑叶生产桑茶、饲料添加剂；桑葚、桑枝副产物提取天然色素，用于丝绸产品染印、生产高档丝绸等。通过对桑蚕茧资源的综合利用，提高了桑蚕资源利用效率，桑蚕副产物经济效益增加 40%，主要约束性指标在国内丝绸行业处于领先水平，成为国家级桑蚕茧丝副产物综合利用示范基地。

（2）案例的经验总结。在该模式实践中，江苏鑫缘集团作为农业龙头企业发挥了引领、组织、协调与实施的核心关键作用。各类主体的参与方式为"龙头企业＋蚕业合作社＋基地（种养大户）＋工厂＋研发中心"。

1）农业龙头企业通过反哺种养大户，实现了农企双赢。一是补贴种养大户。集团每年拿出百万元直接补贴种养大户推广优良桑、蚕新品种，投资近 200 万元进行示范桑园道路基础设施建设。二是为种养大户买保险。集团针对蚕桑生

补贴

买保险

龙头企业
反哺种养大户

实行利益返还

产容易受到环境条件和灾害性天气的影响，建立和完善了农业生产灾害补偿机制，减少生产经营风险，保障种养大户的经济利益，促进农村经济发展和种养大户增收。三是实行利益返还，集团以保护价收购蚕茧，将产业整合后产生的部分利润返给种养大户，有效提高各类经营主体的积极性，使得产业融合稳定发展。

2）农民合作社有效提高组织化生产和社会化服务程度。江苏鑫缘集团引导蚕农建立蚕业合作社，由村干部、蚕农、组合组长、蚕桑指导站、蚕茧收购站等多方共同参与。合作社对入社的蚕农实行产前、产中、产后全程跟踪服务，在产业整合中发挥了很好的组织协调和技术指导作用。江苏鑫缘集团每年直接用于扶持合作社发展的经费达到百万元，为茧丝绸产业的优质高效发展提供了有力的组织保障和资金保障。

3）科技是整合性融合的先导。江苏鑫缘集团与科研院所建立集团科技创新平台，组建了一支以专家为主体的集团科技创新中心，与苏州大学联手建立了"丝绸新技术（产品）研发中心"，走"产学研"相结合的道路，优化科技创新要素，进行茧丝绸深加工关键技术研究与产业化开发，技术研究走在国际丝绸的前列，为产业整合型融合发展提供了有力的技术保障。

（二）产业链延伸型融合模式

农业产业链延伸型融合模式是指以农业为融合主体，以农产品产业链加长为目的，对土地、资金、劳动力、技术等生产要素进行集约优化，建设标准化农业生产，打造优势农产品，并打破传统农业和工业、服务业相分离的状态，实现农业生产、加工、销售、服务一体化。农业向工业内部一些子产业的延伸使得产业间边界变得模糊甚或消失，从而实现了产业间融合，并对原有产业赋予了新的产业功能和增加了市场竞争力。

1. 模式的特点

该模式最终通过产业链延伸产生效益链，即种植效益、养殖效益、加工效益、品牌效益与服务效益的1+1>2的放大效应。从产业链延伸的方向上来看，可分为正向延伸与逆向延伸。正向延伸是指通过龙头企业或农民合作社兴办加工业、建立农产品直销和本地土特产超市等，以第一产业为基础向二三产业融合；逆向延伸是指以农村加工业和服务业为基础向第一产业逆向融合发展。从产业链延伸的方式方法上来看，可分为单个经营主体独立构建全产业链和各经营主体连横合纵两种方式。单个经营主体独立构建全产业链延伸是指农村一二三产业链延伸整个过程由独个经营主体一统到底、一以贯之；各经营主体连横合纵的方式是指将多个分散的经营主体连横合纵联结成新的利益共同体，从而完成农村一二三产业链的融合。

该模式可以有效降低生产成本、提升盈利能力、增强经营主体抗风险能力，控制产品质量、杜绝安全隐患、增强消费者的购买信心；可以使经营主体生产加工的产品多样化、差异化，塑造品牌形象，向消费者提供全方位服务，满足消费者多元化需求。

2. 典型案例

（1）龙珠畜牧专业合作社产业链延伸型融合模式。龙珠畜牧专业合作社成立于 2010 年，短短几年时间，从无到有，原来各不相干、孤立的饲料、养殖、屠宰加工、终端销售、污染物处理等各环节经营主体，通过农村一二三产业链延伸型融合，结合为股份制的利益共同体。

龙珠畜牧专业合作社产业链延伸型融合模式分两步走，第一步成立龙珠畜牧专业合作社，进行横向联合。先由社员共同讨论，决定合作社的注册资金，然后各个主体按照自己能繁母猪数量确定出资额。最终合作社由 29 家规模养殖场联合组建，实际注册资金 1 000 万元。合作社成立后，迅速与相关企业及机构合作，设立了饲料配送中心（饲料加工厂）、兽医诊断及防治中心、种猪场及供精中心、肉制品加工中心、生猪排泄物收集处理中心五大部门，对内为社员提供全方位服务，对外进行综合市场推广。由于加入龙珠畜牧专业合作社的好处一目了然，一年以后，社员越聚越多，规模越来越大。第二步，产业链纵向延伸。在原料采购环节，龙珠畜牧专业合作社加入了更大的平台——良牧饲料原料采购专业合作社联合社，进行原料统一采购；在饲料加工环节，采取先委托加工后合作建设饲料厂的办法进行饲料统一配送，由浙江科盛公司提供饲料配方技术、原料采购、产品加工服务；在供种供精环节，龙珠畜牧专业合作社以浙江兴泰种猪场为基础，建立供精中心；在排泄物收集处理环节，以浙江兴泰农业科技有限公司为主体，统一收集社员猪粪，生产有机肥和发电。屠宰加工销售是获利最大环节，龙珠畜牧专业合作社筹资 1018 万元，在杭州建立浙江春然科技有限公司，进行产品开发、品牌推广、市场营销，至今已在杭州开设了 23 家命名为"九号牧场"的门店。

（2）案例的经验总结。

1）风险共担、利益共享的利益共同体延伸了产业链。案例中各养殖主体最迫切需要解决的是资金问题，龙珠畜牧专业合作社根据主体需求成立贷款基金，和当地农村信用合作社约定，合作社将注册资金的一半，即 690 万元存入银行，按照 1：10 进行放大，得到 6 900 万元的贷款。解决了一家一户养殖场办不到、但又不能不解决的困难，有力地推动了养殖主体走向联合。由此可见，按照各经营主体的深层次需求，在产业链内部建立有效的利益分配机制，在满足各经营主体自身利益的同时，通过产业链的分工协调，可以有效实现整个产业链的快速发展与不断壮大。

2）农民合作社的关键作用。连横是合纵的基础，合纵是连横的目的。同类型的经营主体通过连横，在横向上具有了更大的体量，才能从纵向往产业链的前端和后端延伸。各经营主体在市场经济的波动中，深受单打独斗之苦，势必对联合产生需求。农民专业合作社在联合重组过程中，按照市场经济规律，充分尊重主体的意愿，促成了产业链上真正意义的联合。

3）产业链延伸要以市场需求为导向。产业链各经营主体要统一建立与市场互动的反馈机制，明确产业链延伸的目的是获取消费者的需求，将消费者期望转换为量化的产品指标，并将相关指标分解落实在产业链各经营主体上，采取产业链管控模式，实现农产品安全、健康、美味等方面的优良品质提升。

（三）产业交叉型融合模式

产业交叉型融合指传统相互隔离的农村一二三产业之间的藩篱被打破，借助产业间的功能互补而实现产业融合的模式。这种融合方式有利于发挥产业互补，同时还有可能形成新的产业形态，从而满足不断涌现的新的市场需求。交叉型产业融合模式多出现在第一产业和第三产业之间，尤其是农业和旅游业、文化产业之间的融合，如现在广为流行的农业旅游或称农村观光旅游、休闲农业。还有高新技术产业向农业的渗透融合，不仅极大地提高了传统产业的效率，也因这种融合衍生了生物质产业这样的新型产业。

1. 模式的特点

该模式带动与农业多功能性相关的消费需求扩张，增加农业发展的增值环节和空间。其中，建设农业休闲园区的基础以第一产业为核心；与农产品相关的深加工以第二产业为核心，有效提高了农产品的附加值；以龙头企业为主体，发展集度假、旅游、休闲、培训等为一体的多功能综合旅游为第三产业。

模式不仅有效促进农村经济的快速发展，而且保护了当地的自然环境，维护了当地的生态系统，为当地创造了大量就业机会，一定程度上遏制了农村大量劳动力流失产生的问题。

2. 典型案例

（1）蔡家洼村交叉型融合模式。近几年来，北京市密云县蔡家洼村按照产业交叉型融合模式发展休闲农业，走出了一条农村一二三产业融合发展的新路子，成为"北京最美的乡村"，成为全国新农村建设先进村和中国最有魅力休闲乡村。

蔡家洼村从整合土地资源入手，以流转合同的形式，把耕地、山场全部有偿流转到村集体，由村集体统一经营，实现了资源变资产、土地作股本、农民当股东。蔡家洼村栽植7万棵大樱桃，20余个品种，成为华北地区最大的有机樱桃采摘基地。打造环山百果长廊，实现了"有路就有树、有路就有林、有路就有园"，成为独特的山区农业景观。利用林下空间，种植金银花、葛根、枸杞子等中草药，发展林下经济。与北京市农业科学院林果所等科研院所合作，

阳光温室大棚照片

建成 800 亩智能化阳光温室大棚，栽植了木瓜、杧果等 13 种热带果树及 20 多种蔬菜和花卉，成为北方少有的大规模热带果树观赏基地。开发建设聚陇山科技开发大楼，开展农业科技项目交流，成为农产品研发、成果展示的场所。以集体土地入股的方式与龙头企业合作，建设占地 400 亩的农产品加工园区。农产品加工园区将农产品加工、商品销售、科普教育融为一体，成为远近闻名的观光工业新亮点。蔡家洼村以北京张裕爱斐堡国际酒庄为龙头，努力改善旅游环境，发展商务旅游业。结合酒庄扩规，蔡家洼村积极完善村容村貌，改善旅游环境。陆续建设了海峡两岸农业交流中心、游客接待中心、培训中心、文化艺术博物馆、演出场地、吕祖山观光平台、停车场及其他配套设施。改造全村12 大景点，对接待、餐饮、住宿等各方面条件和设施进行了完善。

（2）案例的经验总结。

1）三产联动、多业交叉融合。以市民休闲旅游需求为导向，以建设魅力休闲乡村为目标，构建横跨农村一二三产业，融合生产、生活和生态功能，紧密联结农业、农产品加工业和服务业的休闲农业产业体系。蔡家洼村的休闲农业发展格局是，以一产促进二三产业发展，反过来又以二三产业带动一产，三产之间互相促进、交叉融合发展。

2）利用好土地流转政策，合理进行地区规划和产业定位。蔡家洼村以流转合同的形式，把耕地、山场全部有偿流转到村集体，由村集体统一经营，通过合理的规划，这些流转出来的耕地、山场集中建设都市型现代农业园区，发展特色农业、观光农业、休闲农业项目，建设观光工业园发展二三产业。

3）利用股份制进行利益的分配和管理。蔡家洼村采用"以土地作股本、农民当股东"的方法，一方面解决了利益分配问题，极大地提高了各类经营主体参与农村一二三产业交叉融合的积极性，另一方面通过采用公司制的现代管理方式，提高了融合过程中的经营管理水平。

（四）技术渗透型融合模式

技术渗透型融合模式是指以现代生物技术、信息技术、航天技术等为代表的高新科技向农业经营领域渗透、扩散，使农业与二三产业间的边界模糊化，实现农业技术水平的提高和工业对农业的技术溢出带动作用，为现代农业发展提供技术支持和路径。如在农业领域引进高新技术发展精准农业、太空农业、信息农业和分子农业等。

1. 模式的特点

该模式使农业生产获得"类工业"的产业属性，通过"农业高新技术企业＋科研机构＋基地＋农户"的方式进行推进。先进要素技术对农业的渗透型融合，如信息技术的快速推广应用，既模糊了农业与二三产业间的边界，也大大缩短了供求双方之间的距离，推动了网络营销、在线租赁托管等。模式打破了农业粗放式的传统发展模式，提高了农业经营各环节的技术含量，节约了成本，推动了农村地区产业升级。

在太空进行蔬菜栽培

该模式产生的效益主要是科学技术在相关方面的技术溢出，使农业劳动资料、农业劳动对象和农业劳动者的素质都发生质的提高，而且对整个生产力系统起着渗透、凝聚、调度、组合、控制的作用，使三者在新的水平上实现有机结合与更好的配置，在加快新型经营主体与农村一二三产业的快速融合发展的同时，实现了整个农业生产力系统的提升。

2. 典型案例

（1）黑龙江农垦区渗透型融合模式实践。黑龙江省农垦局建三江分局所辖国有农场 15 个，耕地 802 万亩，2006 年被中国粮食协会授予"中国绿色米都"的称号。黑龙江省农垦局建三江分局在农业生产经营中，广泛应用数字技术，发展数字农业，取得了显著的经济和生态效益。三江农垦区信息化建设的总体目标是运用计算机技术、数字技术、网络技术、卫星通信技术等先进技术装备现代化农业，最终实现农垦生产信息化、农垦经济信息化和农垦社会信息化。"数

遥感农业

字农业"是综合利用遥感、地理信息系统、全球定位系统、计算机技术、通信和网络技术、自动化技术等高新技术，实现农业生产和经营管理的全面数字化。在这里，建立大规模农业的信息化模式，发展数字农业，建三江农业垦殖区（以下简称"三江农垦区"）有着天然优势，经济条件相对富足、农场土地集中管理，均为农场实现整体信息化提供了有利条件。

（2）案例的经验总结。

1）应用数字技术做好土地管理。农场于2004年建立了土地电子图文档案和虚拟地图，将所有耕地的地号、面积、土地属性、种植作物等信息输入计算机，建立起《土地利用现状图》。打开《土地利用现状图》，合同承包人的姓名、承包时间、承包土地面积、种植作物种类、每亩承包费、应交金额、已交金额等相关信息一目了然。建立土地电子档案后，农场收回各类耕地2.2万亩，每年为农场挽回经济损失超过200万元。

2）应用数字技术科学种地。七星农场的示范田里，有6 000亩水稻标准化育苗基地。每年春天，农户把稻种拿到这里统一培育，从出苗到插秧的60天时间，在水稻育秧生产基地监测系统的监测下，稻苗严格按照水稻育秧技术标准进行培育。在每个育秧大棚里，两个摄像头对秧苗实行全天24小时监控，

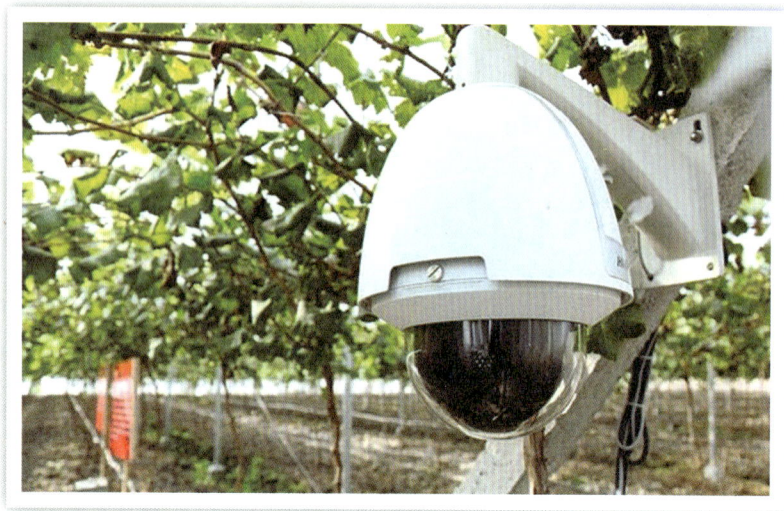
现代农业监控摄像头

监测到的棚内湿度和温度也会实时通过育秧基地的计算机反映到大屏幕上。出苗期间大棚内温度要控制在15℃，温度升高，拥有智能控温系统的大棚会自动降温；夜间温度降低，系统会自动加热控温。这一完整过程，都会记录在监测系统内，不仅为当年的农业丰收打好基础，也为日后的育种研究收集了宝贵资料。

3）应用数字技术开拓市场。农场采用了以协会为核心的信息服务体系，着力解决农产品销售难题。首先，整合多种服务资源，成立协会联合会，建立起"企业＋协会＋农户"的产业化组织模式。协会把由多家企业组成的农业服务中心吸纳进来，上连市场，下连会员。目前，会员已经覆盖整个农场农户总数的2/3。其次，通过信息网络让会员及时了解市场供求信息。三江农垦区拥有自建的农垦通信专网，由垦区互联网和垦区综合信息网两套相互独立的网络体系构成，垦区互联网已经覆盖建三江的所有农场，综合信息网则为农场办公系统所用。农场以协会网站为基本交流平台，信息服务室（站）设在作业站。场站相通、站站相通、研究所和外界相通、作业站与外界相通，协会与会员相通、会员和会员相通、会员和外界相通。

（五）产业集群型

所谓产业集群型，是指在农产品生产优势区域，发展农产品初加工和精深加工，推进农产品就地转化，培育一批加工和流通企业，形成上下游协作配套的产业集群。

河南发展产业集群和农产品加工集聚区

河南省以农业优势资源为基础，以众多涉农经营组织为主体，以农业产业化龙头企业为支撑，以相关服务机构为辅助，在强力推进农产品加工业发展中，狠抓以龙头企业为支撑的产业集群建设和加工业集聚地建设，已形成上下游协作紧密、产业链相对完整、辐射带动能力较强、综合效益比较高的产业发展格局，实现农产品生产及加工业集中、集群、集聚发展。目前，全省每个县都基本建成一个产业集聚区，全省规划的 540 个产业化集群，基本覆盖了全省的米面、肉品、乳品等优势产业和区域性特色产业，2014 年

外商到兰考考察泡桐加工

实现销售收入 9 579 亿元，集群内企业就业农民达到 140.5 万人，自建成两年来共新增农民就业 24 万人，年人均工资性收入 23 856 元。集群内企业带动农户数量达 1 100 多万户，户均增收 2 180 元。如兰考县发展泡桐种植及加工集群产业，形成了高档实木家具、民族乐器制作产业，使全县 46 万亩、260 多万株泡桐资源成为农民致富的"绿色银行"，仅华兰实业集团公司自建、联建加工基地 4 个，带动全县形成 28 个泡桐加工专业村、500 个中小型加工厂及 5 000 余户加工户、200 多位木材苗木专业经济人，该集群内从业人员年均收入 2.8 万元。全省规划培育的集群涵盖了农产品加工领域 11 个产业、50 多个子产业，已成为现阶段当地农村一二三产业融合发展迈向区域化和中高端的重要平台。

发展产业集群，关键是将同一产业的上下游相对集中在一个区域内，这将大大节约信息成本和交易成本，对于当地优势特色产业的就地加工转化是一种非常好的发展模式，有必要进一步推广应用。同时，应该看到，发展产业集群的关键是选准主导产业、培育好领军企业，这要求加强规划引导，加大科技协同创新与推广应用，加强信息交流平台建设和仓储物流体系建设，不断优化集群内各类主体发展的制度环境。

（六）一村一品型

所谓一村一品，是指在产业链建设中，主要依托当地农户或农民合作社开发当地优势资源，并逐步由农业生产向农产品加工、营销以及乡村旅游等方面拓展，逐步形成主导产业和品牌溢价，促进农村一二三产业融合发展的态势。一村一品型主要包括农产品地产地消模式、农家乐模式、家庭手工艺品产销模式等。

小知识

陕西澄城水洼村——果畜结合促进循环发展

澄城县水洼村共有 4 个自然村，7 个村民小组，496 户，1 986 人，耕地面积 6 050 亩；其中，苹果 3 900 亩，涉及 480 户，加入合作社 150 户；生猪养殖 326 户，加入合作社 120 户，劳动力 1 023 人。该村在抓苹果产业不放松的同时，从基础做起，从良种做起，规模由小到大，建立了一批高标准、高起点规模化养猪场，以畜促果，实现了果畜有机结合，良性循环发展。

目前，全村苹果面积接近 3 900 亩，其中有机示范园 1 550 亩，示范园由合作社牵头与农户签订合同，实行统一操作规程，统一务果技术，实现统一有机认证。该村同时建有一个 50 亩苗圃繁育基地，引进优质幼苗进行适应性育植，为苹果产业持续发展提供苗木供应。村上的兴水苹果专业合作社成立了 6 个技术服务队，集中组织开展间伐、改形、精剪、拉枝、施肥、喷

运用棚架、套袋等新技术管理果蔬生产

药、套袋等技术规范，并进行果园种草、铺设反光膜、果实套袋、诱虫灯、粘虫板、搭建防爆网等技术示范推广。2010年6月，在咸果集团的协助下，澄水牌苹果通过农业部有机苹果认证，为全村有机苹果的发展将起到促进作用。全村生猪存栏9 200头以上，建有生猪标准化示范小区8个（82个圈舍），其中7个小区（73个圈舍）设有取暖火道和降温帘，小区全部绿化并配有消毒设施。村上建成存栏1 000头以上的良种繁育场1个，引进优良品系母猪700头以上，全村母猪存栏900头以上，配套建成1个生猪人工授精站，配备了2名生猪人工授精员。村上的益农生猪专业合作社牵头规范小区生产程序，实行统一供种、统一防疫、统一饲料、统一销售服务。全村果畜结合户数达到350户以上。

一村一品模式，依托当地农户开发当地资源，最接近日韩的六次产业化模式。这种做法既延伸了产业链条，又开发了农业的多功能，让产业的增值收益完全留在了农村、留给了农民，是产业融合的一种典型案例。当然，这种模式也有其不足之处，主要表现为易受农村区位优势和资源禀赋的限制，且完全依靠当地农民与合作社的积累，发展往往会受到资金、技术等方面的制约。

三、产业融合的几种主要新型业态介绍

新型农业经营主体与农村一二三产业融合发展拓展了现代农业的功能。通过产业功能和产业属性的复合、产业资源的深度利用和市场的重新定位，催生了新的农业形态，推动了涵盖休闲农业、生态农业、能源农业、医药农业、保健农业等内容的多功能、宽幅度的现代产业体系的发展，因其中一些新业态不是本研究的主要方面，所以本单元仅对休闲农业、"互联网+X"农业、生态农业及生物质产业四个新业态进行简要分析。

（一）休闲农业

休闲农业是以与农业、农村、农民相关的生产、生活、生态资源为依托，集生产、销售、观光休闲、娱乐体验、科普教育、生态保护为一体的新型农业，是一种旅游业与农业相交叉的产业类型。其起源于20世纪三四十年代的意大利、奥地利等地，80年代末以来，在全球范围内得到迅猛发展。目前，美国、日本等国家的休闲农业已经进入发展的最高阶段。休闲农业有观赏农业、体验农业、农村旅游等十多种叫法。

休闲农业是我国目前一项新兴产业，不仅符合市场经济发展规律，有广大的市场需求、蕴藏着巨大商业发展潜力，更是有助于解决"三农"问题。作为一种新兴的产业化生产形式，休闲农业融合农业生产与旅游活动为一体，拓宽了农民增收的渠道，提高了劳动力、土地、资本等生产要素利用效率，为现代农业的发展开辟了道路，成为农村经济新的增长点。目前，我国农村新型休闲农业已步入了一个高速发展时期，乡村地区旅游景点数量的不断增加、旅游规模不断提升、旅游功能属性不断得到拓宽、旅游分布区域不断扩展，呈现出一副欣欣向荣的发展态势。

1. 休闲农业快速发展，产业规模日趋壮大

据农业部统计，2012年年底，全国有9万个村开展了休闲农业与乡村旅游活动，休闲农业与乡村旅游经营单位达180万家，年接待游客接近8亿人次，年营业收入超过2 400亿元。2013年年底，全国休闲农业年接待游客升至9亿人次，营业收入2 700亿元。而2014年仅上半年，休闲农业就接待游客达5

亿人次，营业收入1 500亿元，呈井喷式发展势头。2014年全国有2 900万农民从事与休闲农业相关产业，2015年仅上半年已有3 000万农民从休闲农业发展中受益。

2. 休闲农业发展内涵不断提升，产业质量逐步提高

一是休闲农业功能得到不断拓宽，早期休闲农业大多是以农家乐和农业观光旅游为主，功能单一，盈利低下；而现有休闲农业在原有模式的基础上，还开发了乡村地区的民俗文化旅游和生态文化资源，使休闲农业向更高层次发展，如开发观光体验、休闲旅游、养生养老、科普教育、示范推广、文化传承等功能，不断拓宽休闲农业的利润空间，先后形成了农家乐、休闲农庄、休闲农业园区和民俗村等形式多样、功能多元、特色各异的模式和类型，极大拓展了农业的多功能性。截至2010年年底，全国农家乐产业已超过了150万家，具有一定规模的休闲农业园区达到1.8万家，年平均接待人次超过4亿人。二是休闲农业品牌影响力提高。农业部和各地通过典型带动，不断提升休闲农业的社会影响力，品牌建设呈现出"百花齐放"的良好态势。休闲企业围绕"高、新、特、优"这一思路，努力打造特色休闲农业名牌，创造出一批旅游质量优、休闲功能强、服务能力好、顾客认同度高的休闲农业品牌。目前共创建了全国休闲农业与乡村旅游示范县149个、示范点386个，推介了140个中国最美休闲乡村、248个中国美丽田园和1万余件创意精品，认定了39个中国重要农业文化遗产，其中全球重要农业文化遗产11个。各地在发展过程中，努力打造休闲农业地方品牌，发展形成了南京农业嘉年华和北京农业嘉年华、云南罗平油菜花节，内蒙古、新疆、甘肃等地的草原度假和贵州的村寨游等一大批知名品牌。三是休闲农业向全产业链延伸。休闲农业过去以提供服务休闲为主，现在休闲农业向全产业链延伸，以生产基地为依托，向农产品加工、物流配送与市场销售延伸；也有以农产品加工为依托，向生产基地、物流配送与市场营销延伸；还有以农产品的展示展销为中心，向生产基地、农产品加工业延伸。形成"生产基地、农产品加工、产品物流、终端营销"全产业链的模式，有利于农民获得更多的就业与增收，农业获得更多的产出与效益，农村获得更大的增值与税收。

北京农业嘉年华

北京农业嘉年华致力于打造一个突出农业主题，体现农业生产、生态、休闲、教育等多功能于一体的都市型现代农业盛会。从 2013 年开始举办，每年举办一次，迄今已经成功举办了 3 届，取得了良好的社会效益和经济效益，已经成为北京都市农业的一张绚丽"名片"。

农业嘉年华现场

农业与嘉年华组合亮相，实现了农村一二三产业的有机融合。农业嘉年华展示、观赏、体验等丰富多彩的农业新业态，将农业通过文化与科普的形式带入休闲农业、创意农业等二三产业，不仅促进了农业生产，带动了农民致富，而且为城市提供了生态、生活、休闲、教育、科普等多元化的功能空间，展示了都市型现代农业的生产功能、生活功能、生态功能、文化功能。

2015 年举办的第三届北京农业嘉年华，超过 8 万人前往参观。活动期间共接待游客 118.8 万人次，园区实现总收入 5 195.7 万元，较上届增长 48%。带动周边草莓观光采摘收入 1.58 亿元、民俗旅游收入 0.93 亿元，总计实现产值 3.03 亿元。

3. 各地创新发展，产业类型丰富多样

我国气候多样，农业资源丰富，休闲农业的开发有很好的基础和条件。各地根据本地实际情况，因地制宜，在农家乐、民俗村、休闲农园、休闲农庄等形式基础上，不断创新发展类型，采用不同的发展模式。纵观我国观光农业的发展，东部沿海省份是休闲农业发展较早、较快的地区，内地云南、四川、河南、新疆等省（自治区），由于特色农业或者是旅游业相对发达，也带动了休闲农业的快速发展。我国休闲农业主要有以下几种模式：①田园农业旅游模式。开发农业游、林果游、花卉游、渔业游、牧业游等不同特色的主题旅游活动。②民俗风情旅游模式。开发农耕展示、民间技艺、时令民俗、节庆活动、民间歌舞等旅游活动。③农家乐旅游模式，指农民利用自家庭院、自己生产的农产品及周围的田园风光、自然景点，开展的旅游活动。④村落乡镇旅游模式。以古村镇宅院建筑和新农村建设格局为旅游吸引物，开发观光旅游。⑤休闲度假旅游模式，依托自然优美环境和农业旅游资源，兴建一些休闲、娱乐设施，为游客提供休憩、度假、娱乐、餐饮、健身等服务。⑥科普教育旅游模式。利用农业观光园、农业科技生态园、农业产品展览馆、农业博览园或博物馆开展旅游活动。⑦回归自然旅游模式。

休闲农业主要模式：
田园农业旅游模式
民俗风情旅游模式
农家乐旅游模式
村落乡镇旅游模式
休闲度假旅游模式
科普教育旅游模式
回归自然旅游模式

4. 产业布局优化，发展方式逐步改变

一是休闲农业分布地区不断发展扩大。我国发展休闲农业初期主要分布在大城市周边，而目前已从大城市逐步向中小城市拓展，从城市近郊向城市远郊区发展辐射。二是休闲农业发展创新思维不断得到拓宽。休闲农业从依赖城市向依托风景区发展，比起过去旅游景区主要从当地本身考虑经济发展，到现在将景区旅游线路延伸到城市远郊区的农村，实现了景区旅游开发与农村经济互利共赢。三是休闲农业已进行多种转变。发展方式已从农民自发发展向各级政府规划引导转变，经营规模已从零星分布、分散经营向集群分布、集约经营转变，功能定位已从单一餐饮功能向休闲、教育、体验等多功能转变，空间布局已从景区周边和城市郊区向更多的适宜区域转变，经营主体已从农户经营为主向多主体经营转变。

（二）"互联网 +X"农业

"互联网+"农业就是依托互联网的信息技术和通信平台，使农业摆脱传统行业中，消息闭塞、流通受限制，农民分散经营，服务体系滞后

等难点，坐上互联网的快车，实现中国农业集体经济规模经营。近些年来，农产品电商作为"互联网 +X"农业的一种模式，大规模发展起来。

农产品电商以互联网为主要载体，依托现代信息技术和物流手段，将农户、农民合作社、农业企业产品的销售半径延展至全国乃至全世界，大幅度减少产品流通的中间环节和交易成本，是产销对接的典型模式。

这种模式最大的特点是依托互联网平台实现了生产者和消费者的直接对接，使生产者得到了流通环节的全部增值收益。当然，这种模式也受一些条件的制约，如产品知名度、稳定供应能力、物流运输能力、质量安全状况等，对经营者的网上营销水平要求也比较高。

1. 农产品电商飞跃发展，已成为电子商务的重要组成部分

2014 年我国农村电子商务得到飞跃发展，我国有各类涉农电商 3.1 万家，其中涉农交易类电商有近 4 000 家，呈现蓬勃发展的态势。2013 年阿里平台上经营农产品的卖家数量为 39.40 万个。其中淘宝网（含天猫）卖家为 37.79 万个，B2B 平台上商户约为 1.6 万个。2013 年阿里平台上的农产品销售继续保持快速增长，同比增长 112.15%。1688 平台同比增长了 301.78%。生鲜相关类目保持了最快的增长率，同比增长 194.58%，2013 年农产品的包裹数量达到 1.26 亿件，增长 106.16%。形成了"两超、多强、小众"的农产品电商格局，所谓"两超"就是阿里系、京东系农产品电商，"多强"是指具有较强竞争力的农产品电商，"小

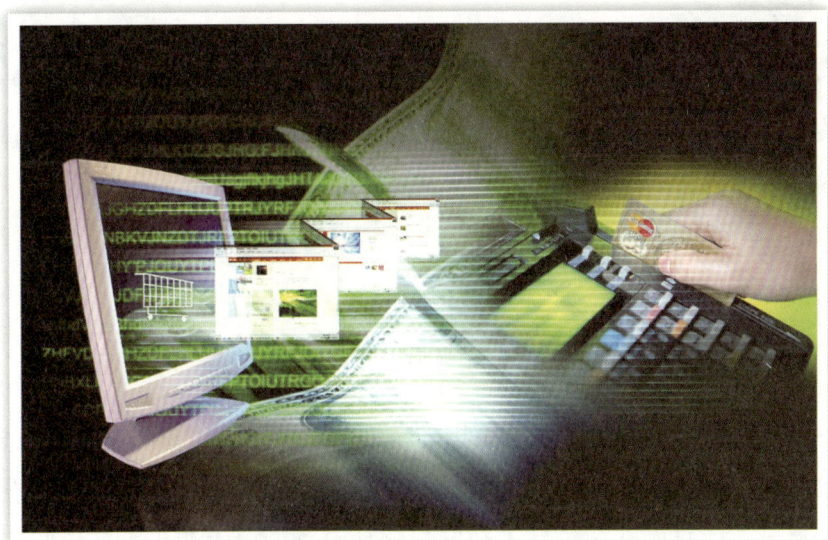

农产品经营进入信息化时代

众"是指具有成长性的特色农产品电商。据统计，2010~2013 年，阿里平台农产品销售额的年均增速为 112.15%，农产品销售额 2010 年 37 亿元左右，2014 年突破 800 亿元。2013 年，淘宝网生鲜产品（包括水产、肉类和水果）的增速高达 194.58%，在所有品类中排名首位。2013 年全国生鲜电商交易规模 130 亿元，同比增长 221%。一切数据都表明：农业电商已呈燎原之势。新农人群体崛起，合作社踊跃淘宝开店，农产品电商网站风起云涌，多类农产品在网络热销。与此同时，涉农电商服务商蓬勃发展。

2. 农产品电商与农业物联网在五个环节应用明显

具体表现：①在农业资源的精细监测和调度方面，利用卫星搭载高精度感

施肥信息

耕种信息

用药信息

灌溉信息

检测信息

物流信息

麦苗追溯 云服务平台

加密算法生成追溯码

手机扫码查询追溯码

输出追溯条码

农产品生产流程已经实现可追溯

知设备，获取土壤、墒情、水文等极为精细的农业资源信息，配合农业资源调度专家系统，实现科学决策。②在农业生态环境的监测和管理方面，利用传感器感知技术、信息融合传输技术和互联网技术，构建农业生态环境监测网络，实现对农业生态环境的自动监测。③在农业生产过程的精细管理方面，应用于大田种植、设施农业、果园生产、畜禽水产养殖作业，实现生产过程的智能化控制和科学化管理，提高资源利用率和劳动生产率。④在农产品质量溯源方面，通过对农产品生产、流通、销售过程的全程信息感知、传输、融合和处理，实现农产品"从农田到餐桌"的全程追溯，商务部在50多个城市进行肉菜可追溯体系建设试点。⑤在农产品物流方面，利用条形码技术和射频识别技术实现产品信息的采集跟踪，有效提高农产品在仓储和货运中的效率，促进农产品电子商务发展。

3. 淘宝村

淘宝村的出现是互联网技术向农村地区渗透的结果，是农业生产者学习适应网购商业模式的表现，是农村一二三产业高效融合的新商业模式，是大众创业、万众创新的典型代表。淘宝村以淘宝为主要交易平台，为农民提供了低成本的网络创业途径。从现有的淘宝村发展历程来看，优秀的电子商务带头人在淘宝村的形成过程中发挥了极其关键的引领带动作用。而且，借助于乡村地区的"熟人社会"传统，农村网商的发展很容易形成涟漪效应，即一个农村网商的出现会迅速向周边亲友、邻居扩散，最终形成具有规模效应的淘宝村。同时，由于电子商务带头人的作用，一个淘宝村的网商大多经营同一品类产品，由此衍生出许多网络产业集群，且在商品生产、加工和流通方而形成协同效应，大大增强了农村地区网商的群体竞争力和农村一二三产业融合发展水平。随着淘宝村的快速发展，农村地区一二三产业融合互动进入新阶段。

小知识

"互联网＋合作社"模式
——江苏荷风畜禽养殖专业合作社

荷风畜禽养殖专业合作社位于江苏省建湖县，主要从事火鸡的生产、加工和销售。据负责人介绍，合作社组织成员一起养殖火鸡，并为成员提供鸡苗和销售服务，还带动了附近村民一起养殖。在产品销售上，合作社建立网站并在阿里巴巴等电商平台开店，该合作社90%以上产品都是通过网上销售的。这种"互联网＋合作社"的模式，让农民找到了便捷的销售渠道，增加了经营收益，也让合作社所在的陈甲村获得"农村电子商务示范村"称号。

4. 农村电商模式推动农业生产经营方式的转变

电商平台模式是指以互联网技术为基础，以网络销售平台为依托，借助现代物流运输系统，将农村生产与城镇消费直接联结的现代新型业态。目前电商在农村蓬勃兴起，推动农户个体网商向企业网商转变；农业生产方式从小作坊向工厂过渡；网商协会涌现；一些淘宝村网商开始注重品牌建设；农村物流业迈上了前所未有的新台阶。江苏、浙江、山东等开始出现淘宝镇、淘宝县，农村网商的产业集群效应日益强化。淘宝村完全是一种自发形成的农村地区一二三产业融合互动模式。为顺应这一发展潮流，进一步推进农村网商发展，财政部、商务部发布了《关于开展电子商务进农村综合示范的通知》，浙江、广西还启动了"电子商务进万村"工程。

（三）生态农业

传统农业在物质、能量方面形成了"低消耗、低投入、低产出的半封闭式"内部循环机制，较为合理的农田生态系统实现了地力常新，但是物质和能力的低层次循环导致土地生产率低下，环境容量是很有限的，无法满足日益增长的人口所带来的基本物质需求在数量上的扩张。鉴于此，人们根据生态学原理，提出了有机农业、生态农业等各种可持续农业发展模式。

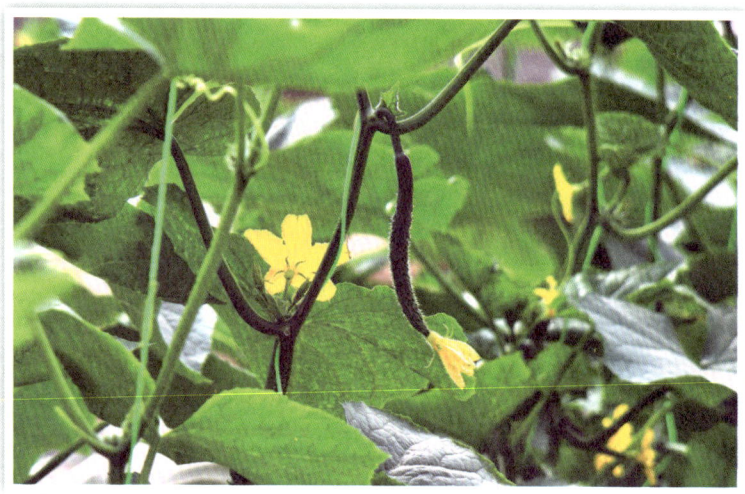

生态黄瓜

我国在 20 世纪 80 年代初，以生态学家马世骏为首的一批科学家率先提出了"中国生态农业"概念，从生态学原理和生态经济规律出发，因地制宜地设计、组装、调整和管理农业生产和农村经济的系统工程体系。它要求把发展粮食与多种经济作物生产，发展大田种植与林、牧、副、渔业，发展大农业与二三产业结合起来，利用传统农业精华和现代科技成果，通过人工设计生态工程、协调发展与环境之间、资源利用与保护之间的矛盾，形成生态上与经济上两个良性循环，经济、生态、社会三个效益的统一。我国的生态农业实践中，形成了不少具有中国特色的生态农业类型和模式（见下表）。

中国生态农业类型与模式表

种类	主要类型	主要模式
1. 同一生产部门中不同物种或不同生产过程的组合	（1）作物轮作间作与套种	粮食作物轮作：粮－经作物轮作，粮－饲作物轮作，粮－蔬作物轮作等
	（2）水体中的复合养殖	池塘中鱼类混养，湖泊中复合水产养殖
	（3）混合造林	油松人工混合林系统，桤－柏混交系统，杉木－云杉间作系统
2. 不同生产部门中不同物种和不同生产过程的组合	（1）农－林系统	桐－粮间作系统，杉－粮间作系统，杨－粮间作系统等
	（2）林－药间作系统	林－药间作系统，松－杉间作系统，黄连－松－杉间作系统，泡桐－芍药间作系统，热带林－砂仁间作系统等
	（3）经济林－多用途林间作系统	枣－粮间作系统，油桐－粮食作物间作系统，桑农复合系统，果树－作物间作系统，橡胶树－经济作物间作系统，灌木－作物间作系统
	（4）植物－动物共生系统	紫胶－树木共生系统，稻田养鱼系统，林－蛙共生系统，蝇－蛆系统等
3. 不同尺度的生态农业系统	（1）农户庭院生态系统	
	（2）生态村	
	（3）生态县	
	（4）防护林系统	"三北"防护林，长江防护林，沿海防护林，平原防护林等
4. 不同生态系统中的农业生态系统	（1）山地生态农业系统	丘陵山地的小流域综合治理，坡地等高种植模式等
	（2）湿地生态农业系统	桑基鱼塘等
	（3）旱地生态农业系统	绿洲农业系统，旱地集雨系统，节水生态工程等
5. 农－工复合系统与能源系统	（1）农－工复合系统	玉米多级利用生态工程，城市废水处理的土壤－植物系统，渔－农－啤酒生产系统等
	（2）能源的多层、多级利用	可再生能源综合利用技术，生物系统能利用－以沼气为纽带的生态农业系统等

资料来源：姜睿清. 基于产业融合的江西农业产业结构优化研究［D］. 南昌大学，2013.

基塘农业

基塘农业是珠江三角洲的人们根据当地的自然条件特点，创造的一种独特的农业生产方式。鱼塘的塘基上种桑、种蔗、种果树等，与鱼塘结合分别称为桑基鱼塘、蔗基鱼塘、果基鱼塘。基塘互相促进，以桑基鱼塘最典型。基塘农业是珠江三角洲农业的特色，集中分布在顺德、南海等市。

珠江三角洲平原上的居民将低洼易有洪患之处挖成池塘饲养鱼类，挖出的塘泥堆于周围，称为"基堤"，基堤上种植果树、甘蔗、桑树、花卉等，如此既能防洪，又能增加收入，而农作物在加工过程中产生的物料，可投入池中作为饲料。这是一种具有生态特色的农业经营方式。

这个模型切实根据生态学原理组织农业生产，充分利用当地自然资源，利用动物、植物、微生物之间相互依存关系，实行无废物生产，提供尽可能多的清洁产品，既有效地利用机械设备、化肥、农药，又尽量减少其污染影响，也充分吸收传统农业的经验，力争实现绿色植被最大、生物产量最高、光合作用最合理、经济效益最好、生态平衡最佳等目标。

基塘照片

（四）生物质产业

进入 21 世纪，在现代高新技术尤其是生物技术进步的基础上，在自然资源、生态环境的双重压力下，农业与能源产业、化工产业、医药产业的深度融合而形成的诸如能源农业、化工农业、医药农业等新形态现代生物质产业，正在成为全世界产业发展中新的经济增长点。

1. 生物质产业的内涵

在现代科技进步的支撑下，许多生物资源已经具备了技术开发的可能性和经济效益的可行性。生物质主要是指通过光合作用而形成的各种可再生或循环的有机物质。生物质能是指以生物质为载体，将太阳能以化学能的形式储存于生物质中的能量。生物质能具有可再生性和环境友好性、分布广泛、产量丰富，在世界能源消费总量中排名第四，仅次于煤炭、石油和天然气。人类面临一次性能源的有限性和化石能源所带来的环境污染双重压力，生物质能在替代能源方面的地位日显突出。生物质能有直接燃烧、燃料乙醇、生物乙醇等利用方式。

按照我国自然条件复杂、生物质资源的地域性强以及农业生产还相当落后的实际情况，我国科学院院士、中国工程院院士石元春将生物质产业的内涵表述为"主要以农作物秸秆、树木残体、畜禽粪便、有机废弃物等农林废弃物，以及利用边际性土地种植的能源、材料植物为原料，进行生物能源和生物基产

| 农作物秸秆、树木残体、禽畜粪便、有机物废弃等 | → | 燃料乙醇、生物柴油、生物塑料、沼气供热发电等 |

品生产的，可促进农村经济、缓解能源和保护环境的一种新兴产业"。根据我国的原料特点、技术条件、生产成本和市场需求等各方面因素，我国生物质产业的主要终端产品为燃料乙醇、生物柴油、生物塑料、沼气供热发电、固化成型燃烧以及相应的生物化工、有机肥料等衍生产品。

2. 我国生物质产业发展的主要形式——能源农业

能源农业是我国现代农业发展的重点，主要以直接燃烧、物化转换等方式对生物质能加以开发利用。直接燃烧的热效率低，能源农业主要涉及燃料乙醇、生物柴油提取以及稻秆气化等技术。作为现代农业和能源产业相互渗透融合产生的新业态，能源农业具有广阔的发展前景，可以优化能源结构。我国能源农业发展的基本原则是"不与人争粮，不与粮争地，不与传统行业争利，不与发达国家争资源"，决定了我国能源农业的原料以农业农村废弃物和甜高粱、木薯等非食用性农产品为主，一方面可以循环利用农业农村资源，提高资源利用效率，改善农村生产生活条件和村容村貌；另一方面，开发农业边际性土地种

植能源农业原料，不会影响粮食安全，可以增加农民收入，提高农民的务农积极性，进而有利于粮食安全。

小知识

小秸秆的大用途

近年来，农作物秸秆成为农村面源污染的新源头。每年夏收和秋冬之际，总有大量的小麦、玉米等秸秆在田间焚烧，产生了大量浓重的烟雾，不仅成为农村环境保护的瓶颈问题，甚至成为殃及城市环境的罪魁祸首。

而实际上，秸秆的综合利用前景广阔，主要有以下几种途径：一是作为农用肥料；二是作为饲料；三是作为农村新型能源；四是作为工业原料；五是作为基料。

（1）秸秆还田。农作物秸秆还田是补充和平衡土壤养分，改良土壤的有效方法，是高产量建设的基本措施之一，秸秆还田后，平均每亩增产幅度在10%以上。秸秆还田主要有以下几种方法：一是秸秆覆盖或粉碎直接还田；二是利用高温发酵原理进行秸秆堆沤还田；三是秸秆养畜，过腹还田；四是利用催腐剂快速腐熟秸秆还田，在秸秆中添加一定量的生物菌剂及适量的氮肥和水，再经高温堆沤，可使秸秆腐熟时间提早15~20天。

秸秆抢收

（2）秸秆饲料。秸秆富含纤维素、木质素、半纤维素等非淀粉类大分子物质。作为粗饲料营养价值低，必须对其进行加工处理。处理方法有物理法、化学法和微生物发酵法。经过物理法和化学法处理的秸秆，其适口性和营养价值都大大改善，但仍不能为单胃动物所利用。秸秆只有经过微生物发酵，通过微生物代谢产生的特殊酶的降解作用，将其纤维素、木质素、半纤维素等大分子物质分解为低分子的单糖或低聚糖，才能提高营养价值，提高利用率、采食率、采食速度，增强口感性，增加采食量。如生物有机肥，秸秆可以作为培养土使用，与一些饲料细菌培养后，作为花草、蔬菜的肥料。秸秆饲料的主要加工技术有直接粉碎饲喂技术、青贮饲料机械化技术、秸秆微生物发酵技术、秸秆高效生化蛋白全价饲料技术、秸秆氨化技术、秸秆热喷技术。

（3）秸秆能源。生物质能是仅次于煤炭、石油、天然气的第四大能源，在世界能源总消费量中占 14%。我国每年农作物秸秆资源量占生物质能资源量的近一半，农作物秸秆能源转化的主要方式是秸秆气化。除秸秆气化以外，秸秆还可以用来加工压块燃料、制取煤气。

（4）建材、轻工和纺织原料。秸秆是高效、长远的建材、轻工和纺织原料，既可以部分代替砖、木等材料，还可有效保护耕地和森林资源。秸秆墙板的保温性、装饰性和耐久性均属上乘，许多发达国家已把"秸秆板"当作木板和瓷砖的替代品广泛应用于建筑行业。此外，经过技术方法处理加工，秸秆还可以制造人造丝和人造棉，生产糠醛、饴糖、酒和木醣醇，加工纤维板等。

（5）秸秆基质。秸秆用作食用菌基料是一项与食品有关的技术。食用菌具有较高的营养和药用价值，利用秸秆作为生产基质，大大增加了生产食用菌的原料来源，降低了生产成本。目前利用秸秆生产平菇、香菇、金针菇、鸡腿菇等技术已较为成熟，但存在技术条件要求较高的问题，用玉米秸和小麦秸培育食用菌的产出率较低。

单元三
农村一二三产业融合的地方实践

单元提示

1. 浙江省农村一二三产业融合发展
2. 山东省农村一二三产业融合发展
3. 河南省农村一二三产业融合发展
4. 湖北省农村一二三产业融合发展
5. 重庆市农村一二三产业融合发展

一、浙江省农村一二三产业融合发展

（一）浙江省概况

浙江省地处中国东南沿海长江三角洲南翼，东临东海，南接福建，西与安徽、江西相连，北与上海、江苏接壤。境内最大的河流钱塘江，因江流曲折，称之江、折江，又称浙江，省以江名，简称"浙"，浙江省东西和南北的直线距离均为450千米左右。据全国第二次土地调查结果，浙江土地面积 10.55 万平方千米，为全国的 1.10%，是中国面积最小的省份之一。浙江山地和丘陵占 70.4%，平原和盆地占 23.2%，河流和湖泊占 6.4%，耕地面积仅 208.17 万公顷，故有"七山一水二分田"之说。地势由西南向东北倾斜，大致可分为浙北平原、浙西丘陵、浙东丘陵、中部金衢盆地、浙南山地、东南沿海平原及滨海岛屿等 6 个地形区。浙江属亚热带季风气候，季风显著，四季分明，年气温适中，光照较多，水量丰沛，空气湿润，水热季节变化同步，气候资源配置多样，气象灾害繁多。年平均气温 15~18℃，1 月、7 月分别为全年气温最低和最高的月份，5 月、6 月为集中降水期。浙江省年平均降水量在 980~2 000 毫米，是中国降水较丰富的地区之一，年平均日照时数为 1 710~2 100 小时。

浙江省下辖杭州、宁波、温州、绍兴、湖州、嘉兴、金华、衢州、舟山、台州、丽水 11 个城市，其中杭州、宁波（计划单列市）为副省级城市；下分 90 个县级行政区，包括 36 个市辖区、20 个县级市、34 个县（含 1 个自治县）。2014 年，浙江省年末常住人口 5 508 万人，比上年增长 0.18%。浙江是中国经济最活跃的省份之一，在充分发挥国有经济主导作用的前提下，以民营经济的发展带动经济的起飞，形成了具有鲜明特色的"浙江经济"。2014 年，浙江省生产总值（GDP）40 154 亿元，比上年增长 7.6%。人均 GDP 为 72 967 元（按年平均汇率折算为 11 878 美元），增长 7.3%。三次产业增加值结构由上年的 4.7：47.8：47.5 调整为 4.4：47.7：47.9。

浙江省素有"鱼米之乡"之称，大米、茶叶、蚕丝、柑橘、竹品、水产品

稻田养鱼

在中国占重要地位。绿茶产量占中国第一，蚕茧产量占中国第二，绸缎出口量为中国 30%，柑橘产量中国第三，毛竹产量中国第一。浙江是中国高产综合性农业区，茶叶、蚕丝、柑橘、海鲜和竹制产品等在中国占有重要地位。2014 年，浙江省粮食播种面积为 1 267 千公顷，比上年增长 1.0%；粮食单产和总产量分别为 5 979 千克／公顷和 757 万吨，分别比上年增长 2.1% 和 3.2%。油菜籽播种面积 155 千公顷，比上年减少 2.9%；蔬菜 620 千公顷，增长 0.2%；花卉苗木 138 千公顷，增长 5.1%；药材 33 千公顷，增长 3.0%；果用瓜 101 千公顷，增长 0.2%。生猪年末存栏 965 万头，年内出栏 1 725 万头，分别比上年减少 25.1% 和 9.0%。肉类总产量 156 万吨，比上年减少 9.9%。水产品总产量为 575 万吨，比上年增长 3.5%，其中，海水产品产量 468 万吨，增长 4.6%，淡水产品产量 107 万吨，减少 0.7%。

（二）浙江省农村产业融合发展历程、现状及主要经验做法

近年来，浙江省充分发挥民营经济发达、市场机制完善的优势，紧紧抓住建园区、强加工、兴三产等关键点，将产业链、价值链、生态链等现代产业发展理念引入农业，构建农村一二三产业融合发展的全产业链，提升农业产业化发展水平，推动农业提质增效、带动农民增收致富。2014 年，浙江全省农业产业化组织带动农户数比例达 54%，带动各类农业产业化经营主体增收 97.9 亿元，实现全省农民人均收入 19 373 元。

1. 建园区、聚产业，搭建融合发展新平台

原料生产基地建设是农村一二三产业融合发展的基础。2010 年以来，浙江省大力推进粮食生产功能区和现代农业园区（简称"两区"）建设，不断夯实农业基础。一是集聚要素强基础。统筹全省 70% 以上农口财政资金并积极引导社会资本投资农业"两区"，强化基础设施和装备条件，推进机器换人和设施增地。截至 2014 年年底，各级财政投入"两区"建设资金 189.64 亿元，吸收社会资本 263.13 亿元。二是创新机制活经营。采取返租倒包、整村流转、土地经营权入股等多种模式推进"两区"土地流转，发展适度规模经营，省级现代农业综合区土地流转率达 62%。引进培育了 1.1 万家新型农业经营主体和 3 900 家社会化服务组织联动发展。在"两区"内建成"千斤粮、万元钱"模式农产品基地 250 万亩，"三品一标"农产品基地 1 410 万亩。三是用好资源强实力。

积极推动农业"走出去"，联动省外优质农产品基地 2 500 万亩。在调减省内生猪出栏的同时，引导 50 多家企业在省外建立年出栏共 300 万头的生猪养殖场。浙江农发福地公司、海亮集团明康汇等企业在巴西、澳大利亚、东南亚等地建设大规模大豆、稻米生产基地和优质牧场。

海亮集团明康汇生态农业生产基地

2. 强龙头、创品牌，激发融合发展新活力

打造核心农业龙头企业是促进农村一二三产业融合发展的有效手段。2013年以来，针对产地初加工能力薄弱、农产品精深加工能力不强等突出问题，浙江省重点培育一批农业名企、名牌和名家，加快提升农业加工层次。一是做大做强名企。优先提供土地、人才、资金等生产要素扶持农业龙头企业，引导企业通过品牌嫁接、资本运作、产业延伸等方式进行联合重组做大做强。2014年浙江省农产品加工产值超 2 100 亿元，截至 2014 年年底，全省共有销售收入超亿元农业龙头企业 650 家，其中 10 亿元以上企业 25 家、上市企业 11 家，

西湖龙井

涌现出娃哈哈、农夫山泉等一批产值超百亿元、领军全国的农产品加工名企。二是打造打响名牌。整合地方政府、专业协会、农业龙头企业和农民合作社联合社资源，统筹推进农产品区域公用品牌与龙头企业自主品牌建设，重点培育300个农产品名牌。目前，西湖龙井、余姚榨菜、庆元香菇品牌价值均超过45亿元，750余家农业龙头企业获得省级以上名牌产品或著名（驰名）商标称号。三是引进培育名家。加强知名企业家和科研专家队伍建设，组织企业家到清华大学、浙江大学培训深造，组建15支农业产业创新团队，引导企业联合科研院校建设省级以上研发机构200多个，建立院士工作站和博士后流动站30多个，浙江绿茶、珍珠、海鲜、果汁、蜂产品加工水平全国领先。

3. 活流通、拓市场，打造融合发展新业态

农产品流通是农村一二三产业融合发展带领农户进入市场的重点环节。浙江依托阿里巴巴平台优势，全面推进农业电商换市战略，推进农产品流通线下传统市场与线上市场"两翼"齐飞，打造新的"农产品市场强省"。一是提升传统流通业态。2011年以来浙江省政府先后出台多个文件改造实体市场、提升线下营销，每年扶持举办农博会、农企农商对接会，先后组织10多个团次参加国际博览会。2014年，全省农产品批发专业市场完成销售额1 600亿元，实现农副产品出口105亿美元。二是创新发展电子商务。利用淘宝、京东等第三方平台，全省已建成10多个淘宝地方特色馆和一大批主导农产品专业平台。2012年以来，全省农产品电商销售额每年以超过80%的幅度增长，2014年全省农产品电子商务超过180亿元，位居全国第一。临安市通过建立淘宝临安特色馆和阿里巴巴坚果炒货产业带，2014年农产品电子商务销售额达16亿元。

同时，浙江省各级农业部门推动茶叶、食用菌等20多个大宗农产品在渤海、舟山等商品交易所上市交易，打造新型电商平台。

4. 育主体、紧链接，构建利益联结新机制

利益联结机制是农村一二三产业融合发展的核心和关键。针对农业资源利用率不高、附加值低、劳动生产率增长缓慢的问题，浙江省高度重视农村一二三产业的纵向延伸和涉农相关产业的横向联结，以全产业链模式推进农业转型升级。一是抓农业主体利益联结纵向延伸。浙江省政府先后出台一系列政策，大力扶持培育新型农业经营主体，重点推动农业龙头企业与其他农业主体从合同关系向合作方式进而向股份合作方式转变，实现全产业链纵向延伸和主体共赢。目前，浙江全省42 263个产业化组织中，合同关系占19.6%，合作方式占31.3%，股份合作方式占33.1%，2014年龙头企业通过分红和二次返利向农民支付230多亿元。二是抓涉农产业互动发展横向融合。坚持农旅互动，大力推进农业与科普、婚庆、文化、保健、养老等产业融合发展。目前，浙江全省累计建成13个全国休闲农业与乡村旅游示范县，位居全国第一。2014年浙江全省休闲农业园区接待游客超7 662万人次，休闲农业实现产值160亿元，促进农民增收近40亿元。三是抓农村一二三产业融合集聚发展。2013年起，浙江省财政对11个主导产业强县单个投资超亿元的全产业链建设项目进行资金补助，连续3年每年分别支持各县1 500万元，对项目实施较好的县再给予500万元奖励，推进全产业链建设，重点打造一批产业集群。截至2014年年底，全省建成7个产值超40亿元的全国农业产业化示范基地，创建了22条产值超10亿元的示范性农业全产业链。浙江诸暨珍珠农业产业化示范基地集聚了年交易额88亿元的华东国际珠宝城，覆盖2 100多家加工企业，辐射全国80%的珍珠养殖基地，形成了销售收入超100亿元的产业集群。

5. 优化政策、深化改革，力推融合发展再上新水平

总体而言，浙江省农村一二三产业融合虽然取得了一定的进展，但仍然处于初级发展阶段，融合程度低、层次浅，农业龙头企业整体规模实力不强，先进技术要素扩散渗透力不强；产业之间互联互通性不强，一些农产品在生产初期没有考虑加工转化，没有考虑农业的功能拓展；大宗农产品的产业链、价值链实现不充分，产加销、贸工农时而出现脱节，农产品走不出"多了多了、少了少了"的怪圈。

（三）下一步的思路和措施

下一步，浙江省将继续下功夫引导推动农村一二三产业融合互动，通过构建农业全产业链推动农业相关产业联动集聚，推动生产要素跨界配置和农产品生产、加工、销售等相关产业的有机整合，延长产业链、提升价值链、拓宽增收链，促进农村一二三产业紧密连接、协同发展。

1. 突出发展重点，加快集聚特色产业

围绕"十三五"农业发展规划的制定工作，进一步优化农业区域布局和产业结构，推进规模经营和生态循环，提升现代农业园区绿色发展。加大政策扶持力度，加快农村一二三产业融合发展和跨县域联动发展，在浙江全省范围内创建50条示范性农业全产业链。

2. 创新理念思路，协调推进主体培育

落实新型经营主体培育政策，鼓励新兴职业农民创业创新，加强家庭农场和专业大户培育，支持合作社兴办农产品加工、物流和服务业，引导农业企业联合重组，培育一批产业关联度大、带动力强的龙头企业。同时协调好新型农业经营主体与普通农户的关系、不同类型新型农业经营主体的关系，发挥新型农业经营主体的引领、示范和带动作用，带动更多的农户增强参与农村一二三产业融合发展的能力，更好地分享农村一二三产业融合发展的成果。

3. 突破制约瓶颈，营造发展环境

加强银农合作，引导金融机构把扶持农业龙头企业、合作社作为信贷支农的重点，扩大抵押物范围，允许农民和企业以流转的土地经营权抵押，在资金上给予优先安排。积极落实设施农业用地意见，努力破解农业产业化组织用地难问题，进一步推动产业集聚发展。围绕农业产业化发展和政策落实中的突出问题，积极开展政策创设，营造良好的发展环境。

4. 提升服务水平，促进融合升级

密切部门联系，抓好各项扶持政策的落实，尽力推动财政、税收、金融、科技、用地、用电及中小微企业发展等扶持政策的有效落实，协调化解农业产业化发展遇到的资金、技术、人才等难题。抓好科研服务工作，引导有条件的农业龙头企业组建研发机构，或与大学、科研机构联合开展技术攻关。深入开展科技与企业、设施装备与企业的对接，选择重点产权建立技术示范基地和新型推广模式。培育一批跨产业、懂技术、善管理的复合型人才，注重提高农民整合利用资源、参与融合发展的能力水平，积极搭建跨领域交流合作的平台，互相激发出农村一二三产业融合发展的新思路、新创意。

二、山东省农村一二三产业融合发展

（一）山东省概况

山东省位于中国东部沿海、黄河下游，境域包括半岛和内陆两部分，山东半岛突出于渤海、黄海之中，同辽东半岛遥相对峙；内陆部分自北而南与河北、河南、安徽、江苏4省接壤。全境南北最长约420多千米，东西最宽约700多千米，总面积15.8万平方千米，约占中国土地总面积的1.64%。山东省分属于黄、淮、海三大流域，境内主要河流除黄河横贯东西、大运河纵穿南北外，其余中小河流密布山东省，主要湖泊有南四湖、东平湖、白云湖、青沙湖、麻大湖等。山东省水资源主要来源于大气降水，多年平均降水量为676.5毫米，多年平均天然径流量为222.9亿立方米，多年平均地下水资源量为152.6亿立方米，扣除重复计算多年平均淡水资源总量为305.8亿立方米。另外，黄河多年平均入境水量为385.8亿立方米，20世纪90年代因干旱入境水量减少为222亿立方米。山东的气候属暖温带季风气候类型。降水集中，雨热同季，春秋短暂，冬夏较长。年平均气温11℃~14℃，山东省气温地区差异东西大于南北。

山东是中国的经济大省、人口第二大省，国内生产总值列全国第三，占中国GDP总量的1/9。2013年，山东与广东、江苏，一起被评为中国最具综合竞争力省区。2014年，山东省实现生产总值（GDP）59 426.6亿元。其中，第一产业增加值4 798.4亿元；第二产业增加值28 788.1亿元；第三产业增加值25 840.1亿元。人均生产总值60 879元。2014年，山东省常住人口9 789.43万人。

山东农业历史悠久，耕地率属全国最高省份，是中国的农业大省，农业增加值长期稳居中国各省第一位。山东不仅栽培植物、饲养畜禽品种资源丰富，而且可资利用的野生动、植物资源也很丰富。山东省的粮食产量较高，粮食作物种植分夏、秋两季。夏粮主要是冬小麦，秋粮主要是玉米、甘薯、大豆、水稻、谷子、高粱和小杂粮。其中小麦、玉米、甘薯是山东的三大主要粮食作物。山东省土地总面积1 571.26万公顷，约占全国土地总面积的1.63%，居全国第19位。其中，农用地1 156.6万公顷，占土地总面积的73.61%。山东省人均耕地 0.08 公顷（1.20 亩）。2014 年，山东省农业增加值 2 799.3 亿元，林业增加值 92.5 亿元，牧业增加值 997.7 亿元，渔业增加值 908.8 亿元。粮食总产量 4 596.6 万吨，连续 12 年增产。拥有无公害产地认定面积 117 万公顷；绿色食品原料产地环境监测面积 86 万公顷；"三品一标"（无公害农产品、绿色食品、有机农产品和农产品地理标志）产品 6 169 个。

（二）山东省农村一二三产业融合发展历程、现状

从山东的发展实践来看，作为全国较早开展农业产业化经营的省份，历届省委、省政府都高度重视农业产业化发展，将其作为农业农村工作的一项方向性、全局性的大事来抓，特别是 2008 年以来，先后实施了农业产业化"515"工程（用 5 年时间，投入财政信贷资金 100 亿元，重点支持 500 家龙头企业做大做强）和"五十百千万"工程（用 5 年时间，在十大优势主导产业中培育 100家在国内具有行业领先地位的国家级龙头企业，扶持 1 000 家骨干型省级龙头企业，发展 1 亿家以"一村一品"和农民合作社为代表的各类农业产业化组织），龙头企业转型升级步伐明显加快，辐射带动能力不断增强，目前，山东全省规模以上龙头企业数量发展到 9 220 家，实现销售收入 1.5 万亿元，全省参与农业产业化经营的农户超过 1 800 万户。

1. 农业新型经营主体促进农村一二三产业融合发展

依托并完善农民合作社、家庭农场、专业大户等新型农业经营主体对单一农户的聚集效应和对市场联结效应，带动单一农户享受产业化红利，是山东促进农村一二三产业融合的基础。

聊城莘县"绿博园"果蔬合作社流转土地 300 亩，全面推行标准化生产，实行"五统一"，即统一育苗、统一种植、统一生资供应、统一技术指导、统一质量监测，极大地提高了农产品竞争力，所产果蔬销往北京、上海等 30 多个城市的大型超市，打通了"种植 + 标准化服务 + 销售"的一体化产业链，实现亩均效益 3.5 万元。泰安肥城市刘东华家庭农场，种植粮食 1 337 亩，拥有50 台大型农机，农场全部采用机械化规模耕作，粮食亩产超过 600 千克，直接和企业签订收购合同，形成了"机械化种植 + 订单销售"的三次产业融合发展模式，同时雇用多名季节性工人，雇工人均收入 5 400 元，农场实现年销售收入 328 万元。

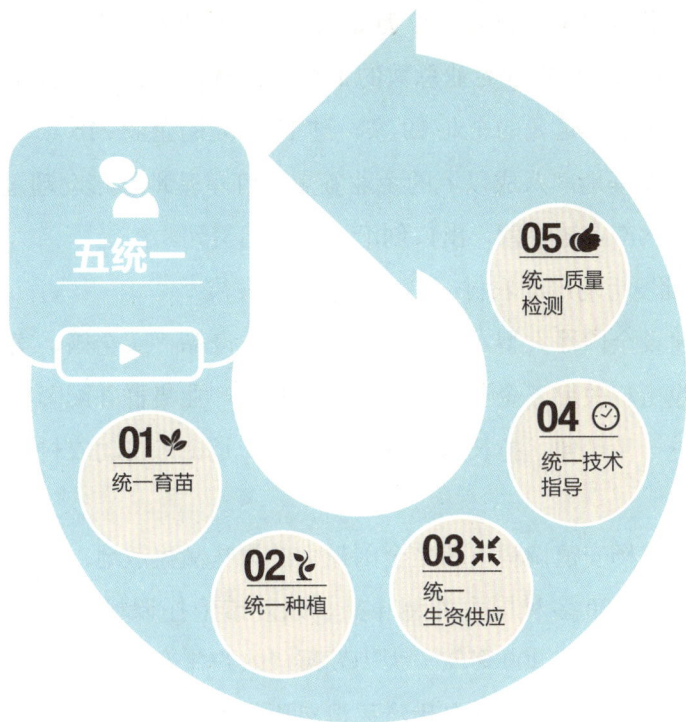

五统一

01 统一育苗
02 统一种植
03 统一生资供应
04 统一技术指导
05 统一质量检测

2014 年，山东全省农民合作社达到 13.2 万家，新评定省级示范社 706 家，推荐国家级示范社 213 家。目前，山东全省合作社按交易量（额）向社员返还盈余 31.6 亿元，占可分配盈余总额的 58.8%。山东全省家庭农场 3.8 万家，居全国第一位，户均经营耕地近 30 亩。调查显示，农民合作社与家庭农场通过拉长产业链，深入融合三次产业，可使社员年均纯收入比非社员高 25% 以上。

2. 农业龙头企业推进农村一二三产业融合发展

鼓励并扶持大型农业龙头企业延伸产业链，跨界集约配置生产要素，掌控并规范管理生产、加工、物流、销售、服务各环节，是山东推进农村一二三产业融合的关键引擎。

泰安肥城市富世康制粉有限公司是省级重点龙头企业，本来仅经营小麦制粉，在当地政府的帮扶下，现已发展成为一家集小麦生产、面粉制作、餐饮经营、粮油批发、商品零售为一体的综合性集团。该集团在全市五个镇建立了 35 万亩优质小麦生产基地，采取统一供种、签约收购的模式，以每千克高于市场价格 0.2 元向农户收购小麦。同时开设快餐店、学校标准化食堂以及食品销售门店等，形成了"种植＋加工＋销售＋餐饮"的一条龙产业链，吸纳 500 多名农村劳动力就业，有力推动了农村一二三产业的深度融合。

2014年，山东全省年产值500万元以上的农业龙头企业达9 220家，比上年增加111家，占全国农业企业总数的10%；总产值达1.5万亿元，增长7.1%。其中，年产值过100亿元的企业12家，过10亿元的企业215家，有四成以上的企业建有自属基地，八成以上的企业签署了订单基地，带动超过1 000万农户参与横跨三次产业链经营，出口创汇169.4亿美元。

3. 农业批发市场带动农村一二三产业融合发展

发展并建设全国性大型农业专业市场，以农产品"买全国、卖全国"大流通为依托，吸引相关加工企业形成该行业较强的产业集群并配套物流、仓储等贸易服务，进一步延伸、拉长本地农业产业链，是山东带动农村三次产业融合的有效抓手。

德州乐陵市杨安镇调料市场是全国最大的调味品集散地，市场年交易额超过8亿元，经营230多种国内外调味品。乐陵市依托调料市场流通效应，先后引进调味品加工企业300多家，大力发展"农户＋合作社＋企业＋市场"模式，建立辣椒、大蒜、花椒等名优特稀调料原料生产基地，辐射周边多个乡镇进行种植，其中辣椒种植面积3万亩，12个品种，吸纳2万名农村劳动力进入企业打工，带动农户年人均增收1万元以上。依托产业集群效应打造的黄三角调味品产业新城更是集市场交易、冷藏仓储物流、调味品深加工、电子交易及综合贸易服务于一体的大型综合性调味品产业园区，将调味品从原料种植—生产加工—仓储—物流—贸易服务—终端销售的产业链一键打通，提高了农村一二三产业的融合度，有效带动了当地农业发展。

2014年，山东全省大型农产品专业市场达491个。其中，年交易额1亿元以上的有281个，比上年增加8个，占专业市场总数的57.2%；年交易额5 000万元以上的有434个，占88.4%。

4. 农业综合园区统筹农村一二三产业融合发展

创建并培育具备农产品"生产＋加工＋科技服务＋产品零售＋休闲农业旅游"为一体的综合性农业产业园区，打造"足不出园"的农业全产业链，统筹相关产业的深度融合发展，是山东推动农村一二三产业融合的重要方法。

泰安新泰市长兴现代农业创新园，耕地面积3 100亩，主要种植有机果蔬。农业园内建有现代设施农业种植区、加工包装区、保鲜储藏区、农业采摘观光区、有机作物销售区、有机农产品监测认证、科技培训服务中心等涵盖一二三产业的各类分区，整个产业园就是一个独立的一二三产业协作发展的整体，实现了足不出园的"产销服、游购娱"农产品的全产业链。目前，该农业园果蔬年交易额3亿元，带动周边蔬菜种植3万亩，林果花卉1万亩，安排就业2000人，带动1.5万农户致富增收。聊城国环现代农业科技示范园以培育标准化精品果树和良种苗木为主体，建有农业休闲体验区、有机科技研发区和生态果品销售区，带动周边300余农户种植有机水果，年营业收入达2000万元，户均增收2万元以上。

2014年，山东全省有18个国家级现代农业示范区。其中，整建制市7个，整建制县（市、区）11个。省级现代农业示范区14个，农业高新技术产业示范区10个。国家农业科技园区6个，数量全国第一。

5. 品牌农业引领农村三次产业融合发展

宣传并依托名优特色农产品的市场价值和品牌效应建立生产基地，发展集约物流、建立"产销运游"横跨三大产业的超长产业链，最大限度地提高农产品的附加值，是山东引领农村三次产业融合的有效补充。

聊城东阿县以中国500强品牌"东阿阿胶"为依托，大力扶持东阿阿胶集团。目前，集团已经发展为总资产74亿元，年利税21亿元的上市公司。带动整个聊城市养驴业大发展，采用公司统一供仔驴、提供技术支持、回收驴皮驴肉的方式，使养驴收益5年内提高了65%，育肥50头黑驴养殖户年均纯收入达7万元。同时，在黑驴育种、阿胶生产、销售、饲料生产、技术支持、生态旅游全产业链共吸纳6000余人就业，相关行业从业人员上万人，真正实现了农村一二三产业的高度融合、全产业链的价值回馈。临沂市则以"沂蒙山"区域形象品牌作为大概念，带动区域特色种养和优质农产品生产基地，采用"农户+合作社+龙头企业+名优品牌+统筹销售"的模式，在全国建立"沂蒙山特色优质农产品超市"或"沂蒙山特色优质农产品专柜"，不断提升沂蒙山农产品品牌影响力，带

东阿阿胶

动当地农村一二三产业融合。目前，"生态沂蒙"母品牌下的"苍山大蒜""蒙阴蜜桃""沂南黄瓜"的品牌价值分别达到 43.1 亿元、37.8 亿元、23.5 亿元。

2014 年，山东全省农产品注册商标近 5 万件，"三品一标"产品 6 169 个，新增 930 个。2014 年中国农产品区域公用品牌价值 50 强中，山东入围 13 个，占四分之一强，其中"烟台苹果"和"威海刺参"分别以 101.1 亿元和 49.8 亿元位列第二位和第十位。

6. 农业休闲旅游助力农村一二三产业融合发展

规范并引导农业休闲观光旅游开发，依托生态农业基地、精品采摘园，借助游客宣传效应，大力发展"农旅双链"，将特色农产品种养与旅游服务紧密结合，是山东助力农村一二三产业融合的新兴策略。

滨州市沾化县依托冬枣资源，全力打造"冬枣生态旅游区"，拉长冬枣产业链，打造"枣园 + 景点 + 采摘 + 休闲"的农业旅游模式，利用五一、十一和冬枣节，吸引广大游客来此观光旅游采摘。2014 年十一黄金周期间，采摘旅游观光游客达 9.7 万人次，全县农业旅游收入达 2 970 万元，全年枣农人均增收 8 000 元。东营市伟浩畜牧旅游牧场，是一家集"养殖、餐饮住宿、休闲娱乐、旅游观光"于一体的生态休闲牧场，不仅统一指导农民进行标准化牲畜饲养，还吸纳当地农户参与旅游接待。2014 年接待游客 50 万人，创经济效益 1 200 余万元，带动农户增收 1 万元以上。通过发展休闲旅游带动本地一二三产业融合，实现了农民就地工作、农业就地转型、农产品就地增值、农村就地致富。

2014 年，山东省乡村旅游接待游客 2.7 亿人次，比上年增长 25.6%；消费总额 1 420 亿元，增长 31%。累计建成省级旅游强乡镇 381 个，特色村 639 个，农业旅游示范点 663 个，星级农家乐 2 133 个，精品采摘园 302 个，经营业户 5.4 万户，从业人员 23 万人，乡村旅游占全省旅游收入的比重已超过 20%。

7. "产城一体"示范区加速农村一二三产业融合发展

研究并探索以产业链较完整且具有较强实力的全国性农业龙头企业为核心，采取企业投资、政府扶持、社会融资相结合的建设模式，带动产业升级，聚集就业人口，建设宜居城镇，打造新型工业化、信息化、城镇化、农业现代化"四化互动"的"产城一体"示范区，是山东加速农村一二三产业融合所做的有益尝试。

泰安新泰市益客产城一体化示范区，由年均营业额 100 亿元、国内肉禽生产产业链最完整、综合规模全国第二的江苏益客集团和新泰汶南镇合作投资50亿元建设，占地2平方千米。采用"农户＋家庭农场＋龙头企业＋连锁经营"的产业化经营模式，发动周边1000户农户发展家禽生态规模化养殖，带动新泰增加肉鸭养殖量3000万只，农民增收过万元。建设涵盖食品深加工、羽绒加工与销售、食品包装、食品机械、生物医药等项目，预计全部建成后可实现产值70亿元、税收5亿元，吸纳就业1万余人。依托示范区强大的金融、商业服务、教育培训等社会服务配套，吸引并聚集形成规模5万人的生态宜居城镇，每年为农民直接创造工资性收入3亿元，拉动地方消费产值7亿元，打造工作、消费、生活一体化的活力社区，真正实现农村一二三产业深度融合，将农业产业化的最大红利反哺农村，回馈农民。

（三）山东省农村一二三产业融合发展的主要经验做法

1. 大力培育新型经营主体，用产业化理念经营农业

山东省深入实施农业产业化"五十百千万"工程，积极改革财政扶持方式，省政府出资2.4亿元成立了现代农业产业发展引导基金，下设现代农牧业和"海上粮仓"两个子基金，通过股权投资等市场化手段解决经营主体融资难题。进一步密切经营主体之间的利益联结关系，承担了农业部农民以土地经营权入股发展农业产业化经营试点工作，指导青州市编写完善试点工作方案，力争在农民以土地入股合作社，农民以土地入股龙头企业，农民以土地、资金等多种方式入股龙头企业三个方面探索可推广、能复制的经验做法。同时，认真组织"一村一品"示范村镇推荐申报和评选认定工作，新认定省级示范村镇113家；加强农业产业化示范基地管理，完成了第一批监测、第二批调查和第三批申报工作。

2. 大力发展农产品加工业，用工业化手段壮大农业

发展农产品加工业是深化农业产业化的题中之义，也是推进农村一二三产业融合发展的重要措施。2015年，山东省启动实施了农产品加工技术服务平台项目，探索采用线上线下互动融合的方式促进产学研的有机结合，解决龙头企业与专家学者见面难的问题。主要内容是举办首届中国（济南）农产品加工技术成果交易会，实现企业和专家的现场对接；建设"互联网＋农产品加工技术创新"平台，利用互联网、大数据等新要素，实现企业与专家的在线交流。同时，按照山东省政府推进农业转型升级的要求，认真编制农产品冷链物流体

农产品加工类图书封面

系建设实施方案，发展农产品产地初加工，引导新型经营主体发展储藏窖、保鲜库、烘干房等初加工设施并进行补贴，减少农产品产后损失。

3. 积极发展农业新型经营业态，用信息化思维提升农业

信息化、智能化是未来社会发展的大趋势，也是提升农村一二三产业融合发展水平的重要力量。2015年7月，山东省政府与阿里巴巴集团签订了战略合作协议，依托当地丰富的特色农产品资源，发挥淘宝网的技术和平台优势，大力发展农产品电子商务。2014年，山东省农产品电子商务交易额达到300亿元，发展电子商务的龙头企业7 000多家，占全省总数的80%左右。

（四）下一步的思路和措施

1. 培育壮大新型经营主体

编制新型经营主体规范发展的实施方案，整体推进各类经营主体加快发展。加快龙头企业转型升级，围绕制约龙头企业发展的技术、资金、品牌、成本等问题，逐个研究、逐个解决。规范合作社、家庭农场发展，提高市场竞争能力。

2. 大力发展一村一品

依托各地的资源优势和种养殖传统，因地制宜发展优势特色产业，形成"一村一品""一乡一业"的发展格局。加快推进淘宝村、物流村、观光村等新型业态发展。

3. 加强农业产业化示范基地建设

进一步强化技术创新、质量检测、物流信息、品牌推介等公共服务平台建设，真正将这些公共服务平台资源用好、用活，发挥其示范带动作用。

4. 完善利益联结机制

探索建立适合农村一二三产业融合发展的利益联结机制，让农民更多地参

与分享产业增值收益。同时，争取尽快出台引导和规范工商资本进入农业的政策性文件。

三、河南省农村一二三产业融合发展

（一）河南省概况

河南，古称中原、豫州、中州，因大部分位于黄河以南，故名河南。河南位于中国中东部、黄河中下游，东接安徽、山东，北界河北、山西，西连陕西，南临湖北，呈望北向南、承东启西之势。河南省地势西高东低，北、西、南三面千里太行山脉、伏牛山脉、桐柏山脉、大别山脉沿省界呈半环形分布；中、东部为黄淮海冲积平原；西南部为南阳盆地。境内平原和盆地、山地、丘陵分别占总面积的55.7%、26.6%、17.7%。河南横跨海河、黄河、淮河、长江四大水系，省境中南部的淮河，支流众多，水量丰沛，干流长340千米，流域面积8.83万平方千米，约占全省面积的1/2。全省水资源总量413亿立方米，居全国第19位。水资源人均占有量440立方米，居全国第22位。河南属暖温带 - 亚热带、湿润 - 半湿润季风气候。一般特点是冬季寒冷雨雪少，春季干旱风沙多，夏季炎热雨丰沛，秋季晴和日照足。全省年平均气温一般在12~16℃。

河南是中国第一人口大省、新兴工业大省和劳动力输出大省。截至2014年底，河南省总人口10 662万人，常住人口9 436万人。河南是中国重要的经济大省，2014年，河南省生产总值34 939.38亿元，位居中国第五位、中西部首位，比上年增长8.9%。其中，第一产业增加值4 160.81亿元，增长4.1%；第二产业增加值17 902.67亿元，增长9.6%；第三产业增加值12 875.90亿元，增长9.4%。三次产业结构11.9：51.2：36.9。

河南是中国第一农业大省。河南耕地面积7 179.2万公顷，山地丘陵面积7.4万平方千米，占全省总面积的44.3%；平原和盆地面积9.3万平方千米，占总面积的55.7%。2014年，河南省粮食种植面积10 209.83千公顷，比上年增长1.3%，粮食产量577.23亿千克，占全国总产量的9.5%，其中，小麦种植面积5 406.67千公顷，增长0.7%；玉米种植面积3 283.86千公顷，增长2.5%。棉花种植面积153.33千公顷，下降17.9%；油料种植面积1 598.21千公顷，增长0.5%；蔬菜种植面积1 725.62千公顷，下降1.2%。

（二）河南省农村一二三产业融合发展历程、现状

农业产业化集群发展，是河南省在稳定粮食生产能力的基础上，为进一步转变农业发展方式，推进农业结构调整，加快发展农业产业化，促进农村一二三产业融合互动，提高农业发展质量和效益而提出的。同时，农业产业化集群发展，为土地流转、农村合作组织培育成长注入了动力，为释放农村巨大的发展潜力开辟了新途径。集群战略实施两年多来，其发展历程及取得的阶段性成果，可以用更快、更大、更强、更具有带动力这"四个更"予以概括、评价：

1. 发展速度更快

目前，河南省农业产业化集群已达 540 个，分布全省农业领域 11 个产业、50 多个子产业，实现年销售收入 9 579 亿元。基本覆盖全省优势农产品产业和区域性特色产业。2014 年，河南省省级以上农业产业化龙头企业中，营业收入超过 10 亿元的企业达 300 家。集聚效应初步显现。

2. 发展规模更大

据统计，截至 2014 年年底，河南省规划的 540 个集群中，销售收入在 30 亿元以上的 70 个，50 亿元以上的 21 个，100 亿元以上 7 个。全省新增农产品加工能力 800 多万吨，企业新建的种植基地 1 400 万亩，新建规模养殖场 9 883 个。集群新上项目不断增多。全省规划发展的集群中新上项目 825 个，总投资达 2 020 亿元。规模以上农产品加工企业 6 976 家，年实现营业收入 1.88 万亿元，占全省规模以上工业企业年营业收入的 27.8%，稳居全省"第一支柱产业"。规模效应更加明显。

3. 市场竞争力更强

河南省农业产业化集群涉及米业、面业、油脂、畜禽、果蔬、花卉、饮品、调味品、茶叶、乳业、中药材等 11 个产业，集群内的龙头企业与上百家高等院校、科研院所建立了合作关系，已建有 18 个国家级研发机构，123 个省级研发机构，10 个院士工作站。全省有 43 个产业化龙头企业商标被国家认定为"中国驰名商标"。品牌效应不断提升。

4. 更具有综合带动力

集群带动基地化发展、规模化种养水平不断提高。产业化集群内就业农民人数 140.5 万人，两年共新增农民就业 24 万人，农民就业工资性收入年人均

23 856 元，农民工资性总收入 335.2 亿元。集群带动农户数量 1 128 万户，户均增收 2 180 元。带动效应持续增强。

（三）河南省农村一二三产业融合发展的主要经验做法

1. 当作重点工作，推进集群发展

河南省政府成立了专门的工作机构，编制了集群发展规划，下发了《河南省农业产业化集群专项工作方案》(豫政办〔2012〕164 号)，在用地、用电、财政、金融、物流、科技等方面，制定了支持集群发展的政策措施；全省各市、县相继制定了《河南省人民政府关于加快农业产业化集群发展的指导意见》(豫政〔2012〕25 号)文件的贯彻落实意见。

2. 强化招商引资，助推集群发展

河南农业厅组织全省农业系统围绕集群发展筛选了一大批招商项目，通过全国性的招商会、交易会等会议进行招商活动。据统计，从 2012 年至 2015 年，河南全省签约项目 637 个，投资总额达 1 840 亿元，招商引资已达 1 076 亿元。

3. 开展融资活动，帮助集群发展

从 2012 年至 2015 年，河南省农业厅和省政府金融办组织开展了银企对接活动，先后成功对接银企合作项目 4 152 个，签约额 1 197 亿元。为帮助企业上市，河南省农业厅会同省证监局联合举办 10 期企业上市培训班，对龙头企业负责人讲授上市知识。

4. 做大龙头企业，支撑集群发展

一是加大对龙头企业的扶持。据河南省农业厅调研统计，从 2012 年至 2015 年，省、市、县安排 14.32 亿元专项资金，对龙头企业的新上项目给予了贴息支持。二是鼓励组建大型企业集团。如河南省新乡市以新良粮油加工有限责任公司为龙头，联合金粒麦业、金粒食品、嘉合粮油组建了新粮集团。三是引进一批知名农产品加工企业。从 2012 年至 2015 年，各地围绕集群培育发展，相继引进了 260 多家大型农产品加工企业。

5. 推进科技创新，提升集群发展

一是积极组织了科企对接活动。从 2012 年至 2015 年，河南省农业厅组织高等院校、科研院所同龙头企业签约合作项目达 92 个，引进新技术、新成果 334 项。二是对龙头企业建立研发中心，给予资金支持。三是鼓励企业加大研发投入，开展自主创新。从 2012 年至 2015 年，全省农业产业化龙头企业共投入研发资金 13.2 亿元，研发新产品达 6 056 个。

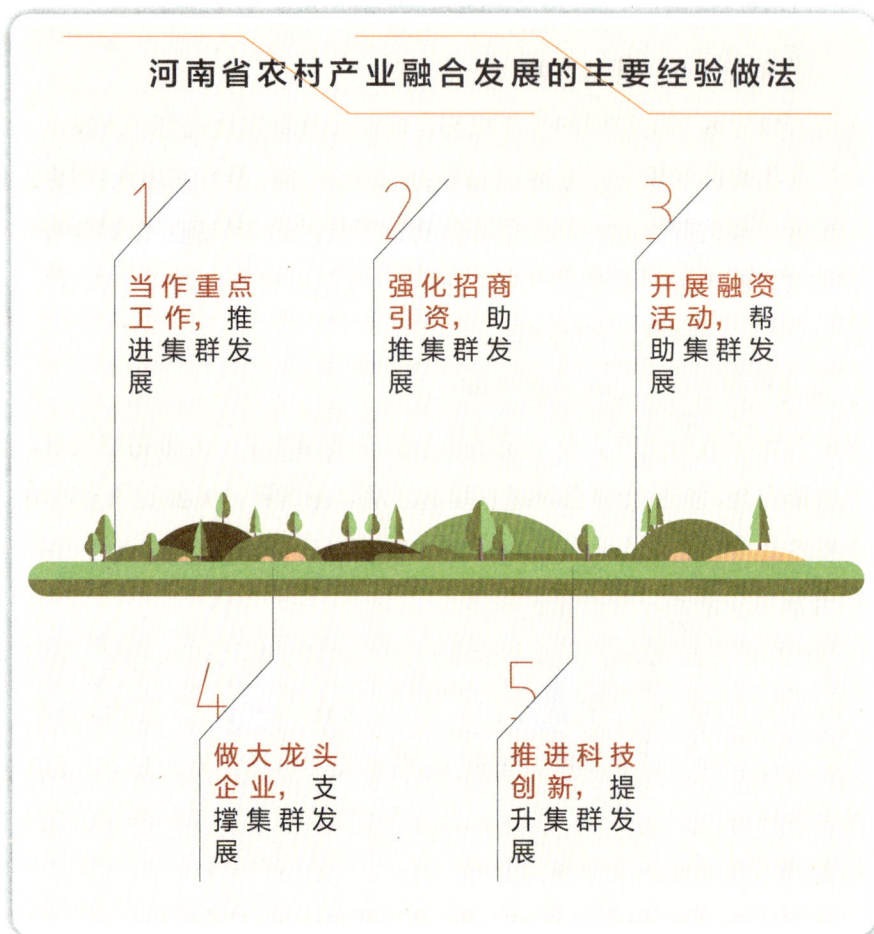

河南省农村产业融合发展的主要经验做法

1 当作重点工作，推进集群发展

2 强化招商引资，助推集群发展

3 开展融资活动，帮助集群发展

4 做大龙头企业，支撑集群发展

5 推进科技创新，提升集群发展

（四）下一步的思路和措施

1. 总体思路

紧紧围绕加快农业产业化集群发展的目标任务，落实政府引导、企业主导、政策扶持、社会参与的工作方针，立足资源、产业优势，以基地建设为基础，以培育壮大龙头企业为重点，以产品研发和推动产品结构升级为关键，通过加大政策扶持力度、工作力度，迅速将一批发展潜力大、市场前景好、带动能力强、有利于促进消费升级的集群做大、做强、做优，为促进全省经济平稳较快发展提供支撑。

2. 重点举措

一是大力培育新型农业产业化经营主体，力争在培育大型企业集团和产业集团上实现新突破。面对当前的新变化，家庭农场、专业大户、专业合作社和龙头企业将是今后农业产业化经营的主体，是推动农业产业化集群发展的骨干力量。下一步，河南省将积极支持承包土地向家庭农场、专业大户、专业合作社流转，发展多种形式的适度规模经营。综合运用各种政策、资源，支持龙头企业做强做大。对一些产能过剩的行业，如面粉、油脂等，积极推进省内企业的整合重组，打造一批企业集团。积极运用市场机制，按产业链推进企业联合，培育一批产业集团。

二是坚持把招商融资作为带动集群发展的战略性举措，重点在引进大企业、大项目上做文章。实践表明，招商融资是培育发展农业产业化集群最有效、最快捷的途径。河南省将进一步加大招商力度，围绕集群产业链的核心环节，广泛开展招商引资活动，力争吸引更多的知名企业、大项目落户河南。另一方面，涉农企业融资难一直是制约企业发展的主要瓶颈之一，河南省将继续开展多种形式的银企对接活动，切实加强与金融机构合作，针对农业产业化集群中的经营主体，就扶持农产品加工企业、龙头企业、专业合作社、家庭农场等新型农业经营主体的发展，围绕集群中经营主体的融资问题，创新更多的金融产品，着力解决融资难问题。推动更多的龙头企业上市融资，缓解集群发展的融资难问题。

三是开发一批新产品，重点在产业升级和结构调整上做文章。不抓传统优势产业，就没饭可吃；不抓高成长性、高附加值和新兴产业，就会永远跟在人家后面跑，永远落后。下一步，河南省将借助已建立的较完整的农产品创新体系，把发展集群同产业升级、结构调整同步谋划、同步推进。一方面抓面粉、油脂、畜禽加工、果品、蔬菜等传统优势产业改造提升，大力开发新产品，积极发展精深加工，延长产业链条，向产业链高端发展。另一方面，大力发展高成长性、高附加值和新兴产业。奶业和肉牛、肉羊产业的成长性好，市场潜力大；食品产业中休闲食品、方便食品、保健食品的附加值高；生物制药是国家重点发展的战略新兴产业，在河南省有产业基础和资源优势。同时，积极实施品牌发展战略，对获得中国驰名商标的给予奖励。

四是建设一批原料基地，重点在规模化、标准化上做文章。农产品质量安全既关系到广大人民群众的身体健康，也关系到企业的生存和发展，农产品质量安全必须从源头上抓，从抓原料基地的建设上入手，从抓示范、推广种养的标准化入手。河南省将培育新型农业经营主体与基地建设结合起来，积极支持承包土地向家庭农场、专业大户、合作社流转，发展多种形式的适度规模经营。引导企业通过自建、联建、订单等方式，建设一批规模化、标准化的示范性原料生产基地。

五是把集群发展同促进区域经济发展和农民增收有机地结合起来。发展集群的目的是促进区域经济发展和农民增收。下一步，河南省将积极鼓励龙头企业通过建立示范性生产基地，引导农民开展规模化、标准化农业生产，提高农民的种养水平；建立完善与农民的利益联结机制，确保农民的收益；积极吸纳农村富余劳动力就地转岗就业，增加农民收入。充分发挥龙头企业的带动作用，通过大企业带小企业，企业带合作社，合作社带农户，实现集群内各生产经营主体协同发展，进而促进区域经济发展。

四、湖北省农村一二三产业融合发展

（一）湖北省概况

湖北省位于中国中部偏南、长江中游，洞庭湖以北，东连安徽，南邻江西、湖南，西连重庆，西北与陕西为邻，北接河南。湖北东、西、北三面环山，中部为"鱼米之乡"的江汉平原。全省国土总面积 18.59 万平方千米。湖北省地势大致为东、西、北三面环山，中间低平，略呈向南敞开的不完整盆地。在全省总面积中，山地占 56%，丘陵占 24%，平原湖区占 20%。湖北地处亚热带，位于典型的季风区内。全省除高山地区外，大部分为亚热带季风性湿润气候，光能充足，热量丰富，无霜期长，降水充沛，水热同季。湖北多年平均实际日照时数为 1 100~2 150 小时。年平均气温 15~17℃，大部分地区冬冷、夏热，春季温度多变，秋季温度下降迅速。全省无霜期在 230~300 天。湖北省降水地域分布呈由南向北递减趋势，鄂西南最多达 1 400~1 600 毫米，鄂西北最少为 800~1 000 毫米。降水量分布有明显的季节变化，一般是夏季最多，冬季最少，全省夏季降水量在 300~700 毫米，冬季降水量在 30~190 毫米。6 月中旬至 7 月中旬降水量最多，强度最大，是湖北的梅雨期。2012 年，全省土地总面积 1 858.89 万公顷，其中耕地 389.99 万公顷、园地 59.87 万公顷、林地

586.04 万公顷、牧草地 7.58 万公顷。

2014 年，湖北省完成生产总值 27 367.04 亿元，按可比价格计算，比上年增长 9.7%。其中：第一产业完成增加值 3 176.89 亿元，增长 4.8%；第二产业完成增加值 12 840.22 亿元，增长 10.1%；第三产业完成增加值 11 349.93 亿元，增长 10.5%。三次产业结构为 11.6：46.9：41.5。全年完成财政总收入 4 095.80 亿元，比上年增长 14.8%，其中地方公共财政预算收入 2 566.90 亿元，增长 17.1%。2014 年年末，湖北省常住人口 5 816 万人，其中：城镇 3 237.8 万人，乡村 2 578.2 万人。城镇化率 55.67%。

2014 年，湖北省粮食种植面积 437.03 万公顷，比上年增加 16.79 万公顷；棉花种植面积 34.48 万公顷，减少 10.62 万公顷；油料种植面积 154.25 万公顷，增加 2.56 万公顷。粮食总产量 2 584.16 万吨，比上年增产 82.86 万吨，增长 3.3%；棉花总产量 35.95 万吨，减产 10.02 万吨，下降 21.8%；油料产量 341.9 万吨，增产 8.73 万吨，增长 2.6%。全年全省生猪出栏 4 475.11 万头，增长 2.7%；水产品产量达到 433 万吨，增长 5.6%。

（二）湖北省农村一二三产业融合模式分析

近几年来，农业产业化经营的发展和提升，有力地促进了湖北省农村一二三产业的融合。其模式从大的方面讲，包括同一主体内的前伸后延模式和不同主体间的前伸后延模式两种。进一步细分，主要有以下几种模式：

1. 第一产业后延模式

农产品种植养殖龙头企业或合作社，进入二三产业，通过新增农产品加工或流通服务部门，或者组建、入股农产品加工、流通服务企业或合作组织，对农产品进行初加工或精深加工，以及包装、储藏、保鲜、运输、直销等，改善产品商品性能，开发产品多功能性，提升产品附加值，实现错季错峰销售，增加农民就业，把最大红利留在本地，返还农民。宜昌市晓曦红柑橘专业合作社以柑橘为主导产业，先后投资组建了果业公司、果品深加工公司、科技开发公司、农产品市场公司、综合服务公司、进出口贸易公司，通过品牌营运，逐步建立了覆盖柑橘苗木繁育、种植、分级包装、冷藏保鲜、精深加工、农业综合服务、农超对接、水果配送、电子商务、进出口贸易一条龙的产业体系，打造柑橘全产业链，基本实现了柑橘一二三产业融合发展。2014 年，合作社销售柑橘达到 10.6 万吨，实现综合收入 1.31 亿元，实现盈余分配 134 万元。

2. 第二产业前伸模式

随着消费结构升级，市场对农产品及加工品的多样化、个性化及安全营养要求不断提高，农产品生产环节品种混杂、品质不一、成本上升和质量安全等问题，日益影响农产品加工龙头企业的发展。因此，越来越多的加工型龙头企业充分利用自己的资金、技术、管理和品牌等优势，通过流转土地、领办或参股合作社，或者与生产合作社长期合作，建设核心原料基地，实现规模化、标准化、专业化和集约化生产，获得稳定的质优价廉专用原料；同时，通过精深加工和副产物利用，延伸产业之间和产业内部的产业链，提升企业效益，农民通过土地、股份或就业获得更高的收益。湖北禾丰粮油集团是一家从事大米加工和糖浆生产的国家级龙头企业，与安陆市棠棣镇 12 个村的 2 280 个农户签订 10 年的土地流转合同，流转面积 2.5 万亩，组建 75 个家庭农场，并牵头成立安陆市联禾农机专业合作社，种植香稻、红果、黑米、白米特种稻、功能稻，同时发展水稻订单种植基地 50 万亩，2014 年，实现销售收入 32.3 亿元，带动农民增收 3 400 万元。

3. 第二产业后延模式

农产品加工龙头企业直接为订单农户和对接的合作组织提供种子（苗）、肥料、农药、饲料、疫苗等农资服务，开展技术培训和指导，提供小额融资和小额贷款担保等服务；通过领办或入股农机专业合作社，为社员和其他农户提供机耕、机播、机插、机防、机收、烘干等服务；建立农产品仓储冷链物流设施，为自己、国家、有关企业及合作社和农户提供服务；设立配送站点、建立连锁店和商超、发展电子商务等。湖北丰庆源粮油集团公司是一家面粉加工龙头企业，近年来陆续设立科技公司、物流公司和包装公司，建起了 11 栋粮仓，仓容达 15 万吨，成为中储粮定点单位，每年代储国家和省级储备粮 15 万吨，年粮食吞吐量达 50 万吨；建有一条铁路专用线和粮食转运货场，每年租用车皮 3 000 多个，2013 年被国家物流和采购联合会评为 4A 级企业。

4. 第三产业前伸模式

农产品物流企业如商超、配送公司、批发市场、仓储企业、贸易公司等，以及农民销售合作组织，直接投资建设以果蔬为代表的种植、养殖基地，并进行清理、分拣分级、切割、包装、速冻等初加工；或者入股、对接农产品生产加工企业或合作组织，获得所需要的产品。湖北富迪实业有限公司是仙桃市一家乡镇连锁商超企业，现有员工1.2万人，门店500多家，2014年销售农副产品11亿多元、食品12亿元。为建立和完善供应链，公司向一二产业延伸，与农户签订合同，建立紧密型基地54个，面积5万多亩，生产速生菜、瓜果、水生蔬菜、精细蔬菜和禽蛋、水产等农产品；同时，建立富迪食品工业园、农产品加工园和物流园，食品工业园通过以商招商，引进了6家国内知名食品厂家，生产20个品类近1000个单品；农副产品加工园主要从事净菜加工和豆制品、绿豆皮、糍粑等特色产品加工以及水果分级包装等。另外，以种子研发生产为代表的科技型龙头企业，向第一产业前伸建立生产基地，向第二产业前伸建立加工企业。湖北凯瑞百谷农业科技公司，多年来致力于马铃薯试管薯研发生产和深加工研究，近年来，又在湖北、河北和内蒙古等地建设商品薯生产基地，在省内中国（荆门）农谷产业园建立加工中心，在省外进行委托加工，做好示范引领，加快成果转化。

5. 混合模式

混合模式包括三小类。一是第二产业前伸后延。农产品加工龙头企业通过投资、入股和合作等方式，建设农产品生产基地，获得原料保障；同时建设流通服务设施和组织，为企业内外提供相关服务。比如，福娃集团领办监利县福天下有机稻专业合作社，流转土地9 464亩，建设虾稻共作基地，按照50亩一个标准单元建设道路、沟渠、泵站、管理棚等基础设施，推广赣晚籼37、黑稻、富硒红米等优质稻品种；同时，成立有43家合作社（育秧工厂）参加的荆州市福娃水稻专业合作总社，建立起平价放心农资连锁超市，通过集中采购提供低价农资及人员培训等产前服务；通过育秧工厂、农机作业和植保机防等，提供产中服务；通过粮食回收、烘干、仓储以及粮油连锁超市、网络营销等提供产后服务。潜江市围绕农村一二三产业融合发展，将小龙虾做成大产业。2015年，全市由龙头企业和合作社主导建设的虾稻共作面积达28万亩，其中万亩集中连片基地5个，产值13.5亿元，从业农民1.5万人，亩平纯收入4 000元以上；熊口、浩口和后湖三个水产品加工园区，年加工能力30万吨，出口创汇1.9亿美元，安置农民就业2万人；小龙虾餐饮店2 000余家，每年4~9月日均接待消费者3万人次，营业额5亿元，安置就业3万多人；加工企业、餐饮名店还推出了油焖大虾等上百个线上品种，在淘宝、微信、京东、一号店等电商平台进行销售，销售收益 2.5 亿元。二是农村一二产业有机融合。自动化设备和物联网的应用，加上工厂化设施，使农村一二产业有机地融合到一起。湖北炎帝农业科技股份有限公司，在国内首创 2 万吨工厂化恒温栽培香菇，突破了香菇种植依赖于自然条件的限制，实现了香菇规模化、标准化、周年化生产，目前日产鲜菇近 100 吨，吸纳农民就业 1 800 人。三是休闲农业。主要是利用农业生态资源、农事活动、农产品加工和农家餐饮居屋、农村乡土文化等，开展休闲观光和体验教育，实现农村一二三产业有机融合。

（三）下一步的思路和措施

当前，湖北省农村一二三产业的融合发展还处于起步阶段，总体来看，融合层次不高，产业链条不长，价值增值不多，利益返补不够，迫切需要创新农业产业化工作举措，促进农村一二三产业融合发展。

1. 壮大新型农业经营主体，打牢一二三产业融合的基础

截至 2015 年 6 月，湖北省农民合作社超过 5.5 万家、家庭农场达到 1.4 万个、农产品生产型龙头企业 500 多家，数量虽然不少，但规模不够大；特别是合作社，以资金或土地入股的不多。因此，要加快推进土地向农民合作社、家庭农场、专业大户、龙头企业有序流转，鼓励农产品加工流通型龙头企业和城市工商资本进入种养业，通过土地租赁或入股，不断注入先进生产要素，持续推进适度规模经营和专业化、标准化、集约化生产，逐步解决千家万户分散生产缺少劳力、缺乏技术、滥用肥药、成本攀升等问题，不断提高资源利用率、劳动生产率、土地产出率和边际收益率，保障国家粮食安全，保障农产品质量安全，保障市场有效供给和加工转化需要，促进美丽乡村建设。同时，鼓励第一产业中的新型主体，积极发展农产品加工和流通服务业，壮大自己，带动农民就业增收，促进农业增效和农村发展，为农村一二三产业融合奠定良好的基础。

2. 做大做强龙头企业，增强一二三产业融合的内生动力

近两年来，由于全世界经济欲振乏力，国内经济持续下行，金融机构强化风险管控，龙头企业特别是加工型龙头企业遭遇了前所未有的寒流。湖北省在2015 年的省级龙头企业监测中，有近 8% 的企业因关停并转被淘汰。但危难面前，机遇并存。面对企业的重新洗牌，要鼓励引导一批在逆境中前行的龙头企业，以资本、技术、管理、市场或品牌等为纽带，通过兼并、重组、收购、控股以

及强强联合等方式，组建跨区域、跨行业的大型企业集团，实现低成本扩张和发展。要鼓励龙头企业建立现代企业制度，推行股权激励和员工持股，广泛吸纳人才、培养人才、重用人才，走出家族式、人治式管理模式，着力营造企业文化，增强企业凝聚力，不断改善企业治理结构，提高企业治理能力。要鼓励龙头企业加大研发投入，采用先进的设备、技术和工艺，加大技改力度，淘汰落后产能，突出农产品精深加工和副产物综合利用，避免产品同质化生产，延长产业链条，充分挖掘和提升农产品的附加值。实施龙头企业"走出去"战略，通过参与国际竞争和合作，充分利用国际国内两种资源、两个市场，着力打造全国行业领先、世界知名的龙头企业。龙头企业越大，前伸后延的意愿便越强；龙头企业越强，前伸后延的张力便越足。

3. 推动农业产业化园区建设，打造一二三产业融合的核心区

农业产业化园区建设，能够有效吸引龙头企业集群集聚，形成企业间上中下游产业链；有利于共建共享农产品原料基地，通过稻鸭共育、稻虾共生、间作套种、茬口优化等，满足不同企业的农产品需求；有利于节约土地资源，缓解龙头企业用地难的问题，节省基础设施配套投入。要重点建设园区物流平台，投资引进物流企业，整合利用园区企业物流资源，配备仓储冷链运输装卸设施装备，打造原料及产品集散中心；建立园区信息平台和电子商务平台，积极利用互联网资源，汇集和发布相关信息，实现园区企业信息资源共享；加快建设园区检测平台，以县级农产品质检机构为依托，整合企业检测资源，提供检验检测服务，减少重复投资，降低运行成本；针对园区企业共性技术需求，组建园区科技研发平台，进行研究开发和成果转化，为企业提供技术支撑。通过企业集聚和功能拓展，让农业产业化园区成为农村一二三产业化融合发展的核心区和示范区。

4. 传统营销与电商有机结合，实施农产品品牌战略

近几年电子商务的迅猛发展，对传统营销模式造成了较大冲击，但二者各有所长。因此，要进一步发展农产品批发市场，完善交易功能；要完善门店、配送直销模式，争取商超合作共赢，提升冷链物流水平，以过硬的产品和服务质量巩固和扩大实体市场。要大力发展农产品电子商务，一般龙头企业可以以一个地区、或以多个产品互补企业抱团的形式，在知名电商平台开辟网店，产品种类多的龙头企业可以通过独家开店或者自建电商平台，积极抢占网上市场。

品牌不仅取决于质量，也与市场密不可分，要积极利用实体市场和网络市场，通过扩展市场提升品牌，通过品牌效应拓展市场。鉴于湖北省农产品品牌多散弱的现状，必须整合农产品品牌资源，鼓励注册使用集体商标，推广区域公共品牌，政府引导，企业协力，精心策划，充分利用媒体网络，重点培育、整合和打造湖北稻米、双低菜籽油、食用菌、茶叶、柑橘、蛋品和小龙虾等一批自主品牌。通过市场开拓和品牌战略，促进农村一二三产业融合。

5. 创设财税等支持政策，落实金融扶持措施

农村一二三产业融合发展，既是一个重大的理论研究课题，也是一项浩繁的实践探索，各级党委政府应当高度重视，纳入农村深化改革重要内容，加强调查研究，编制发展规划，明确发展目标，确定工作重点。要出台财政支持政策，设立财政专项，创设农村一二三产业融合发展基金，明确支持主体、支持重点、支持内容和支持方式，对产业链条长、农村一二三产业融合程度深、带动农民就业增收作用显著的龙头企业或合作社给予财政补助或基金支持。要厘清有关税收政策，如增值税抵扣，现阶段税务部门按加工企业提供的农户产品销售单，核实面积和产量后，按13%的价款进行抵扣；一旦加工企业流转土地自建基地，成为农产品生产主体，就不能有任何抵扣，税收负担会大大增加。要完善用地政策，随着农村一二三产业融合发展，车间与田间、加工与物流将更多地紧密相连，必须有配套政策予以保障。要细化用电政策，商业用电、大工业用电、一般工业用电和农业生产用电，电价相差很大，农村一二三产业融合，势必引起电费收缴的争议。要督促金融机构切实落实土地承包经营权、设施设备、仓单、商标、知识产权等抵（质）押政策，提高对农业新型经营主体的风险容忍度；加快建设和充分发挥各级政策性信用担保平台（基金）的作用，加大对农村一二三产业融合发展的信贷支持。要扩大农业保险覆盖面，将龙头企业和合作社的种植养殖纳入保险范围，提高农业保险保障程度。加强农村一二三产业融合发展示范创建，宣传典型，交流经验，营造氛围。

五、重庆市农村一二三产业融合发展

（一）重庆市概况

重庆市位于中国内地西南部、长江上游地区，地处东经105°11'~

110°11'、北纬28°10'~32°13'的青藏高原与长江中下游平原的过渡地带。东南邻湖北和湖南，南靠贵州，西接四川，东北与陕西和湖北相连。辖区东西长470千米，南北宽450千米，总面积82 402.95平方千米，为北京、天津、上海三市总面积的2.39倍，其中主城建成区面积为647.78平方千米。重庆地势由南北向长江河谷逐级降低，西北部和中部以丘陵、低山为主。重庆市年平均气温16~18℃，年平均降水量较丰富，大部分地区在1 000~1 350毫米，降水多集中在5~9月，占全年总降水量的70%左右。重庆气候温和，属亚热带季风性湿润气候，由于地理环境原因，造成重庆多雾，素有"雾重庆"之称，年平均雾日是104天。重庆境内江河纵横，水网密布，水及水能资源十分丰富，重庆市年平均水资源总量5 000亿立方米，其中地表水资源占绝大部分，具有重要的开发价值。

截至2014年年末，重庆市生产总值达到14 265亿元，比上年增长10.9%。全年全市常住居民人均可支配收入18 352元，比上年增长10.8%。农村常住居民人均可支配收入9 490元，比上年增长11.7%。重庆市常住人口2 991.40万人。城镇化率59.6%。农业人口2 003.08万人，非农业人口1 372.12万人。

2014年全年实现农林牧渔业增加值1 061.03亿元，比上年增长4.4%。其中，种植业722.49亿元，增长3.9%；畜牧业248.78亿元，增长3.5%；林业39.12亿元，增长8.0%；渔业50.64亿元，增长15.2%。2014年全年粮食播种面积3 363.8万亩，下降0.5%。粮食综合单产340.3千克／亩，增长0.2%。油料播种面积449.9万亩，增长5.8%。蔬菜播种面积1 062.1万亩，增长3.9%。水果种植面积514.9万亩，增长5.4%。中药材种植面积170.4万亩，增长5.8%。2014年全年粮食总产量达1 144.5万吨，下降0.3%，连续7年稳定在1 100万吨以上。其中，夏粮产量146.4万吨，下降4.7%；秋粮产量998.1万吨，增长0.4%。全年谷物产量796.8万吨，比上年减产1.0%。其中，稻谷产量503.2万吨，与上年基本持平；小麦产量27.0万吨，减产20.0%；玉米产量256.0万吨，减产0.8%。

（二）重庆市农村一二三产业融合发展的主要经验做法

1. 抓特色主导产业，促进种养融合

针对重庆农村以丘陵山区为主、耕地多为"巴掌田""鸡窝地"的实际，重

重庆市主要经验

★ 抓特色主导产业，促进种养融合

★ 抓重点产业链打造，促进产加销融合

★ 抓拓展农业功能，促进农旅交叉融合

★ 抓利益联合机制，促进农企紧密融合

★ 抓互联网技术运用，促进农业与信息化融合

庆市委市政府提出了走以特色效益农业为核心的现代农业发展路子，每年安排10亿元专项资金扶持发展现代特色效益农业，支持区县开展"一村一品"、"一乡一业"建设，打造形成一县一特色。同时，围绕主导产业，推进种养结合，发展林下经济和生态循环农业，促进土地资源高效利用。江津等区县探索推广了稻鱼、稻鳅、鱼菜共生模式；忠县等地大力发展橘园鸡；涪陵区根据果园对粪污的消纳能力在其中建设移动猪舍；丰都县围绕肉牛主导产业，常年种植牧草5万余亩，收购利用农作物秸秆20万吨，酒糟、果渣等废弃物6万吨，并引导农户发展牛粪种菌。

2. 抓重点产业链打造，促进产加销融合

一方面，围绕特色农产品生产基地，推进城市资本下乡，发展加工、流通龙头企业；另一方面，依托现有龙头企业，配套建设原料基地，促进产加销融合发展。重点打造柑橘、草食牲畜、茶叶、榨菜、生态鱼、中药材、调味品等7大百亿级产业链，拟对每个产业每年整合投入1亿元。推进企业精深加工与农户初加工分工合作，将部分加工增值收益留给农户。涪陵区推行"榨菜加工企业＋半成品加工大户＋种植农户"模式，发展榨菜半成品加工户1.2万户；梁平县利用农民有加工豆筋的传统，在10余个乡镇推行农户加工豆筋、企业负责收购及包装加工后销售的模式，形成了龙头企业带动农户加工、农户加工带动大豆种植、加工副产品带动生猪养殖的产业链条，使10余万农民在豆筋产业化经营中增收上亿元。

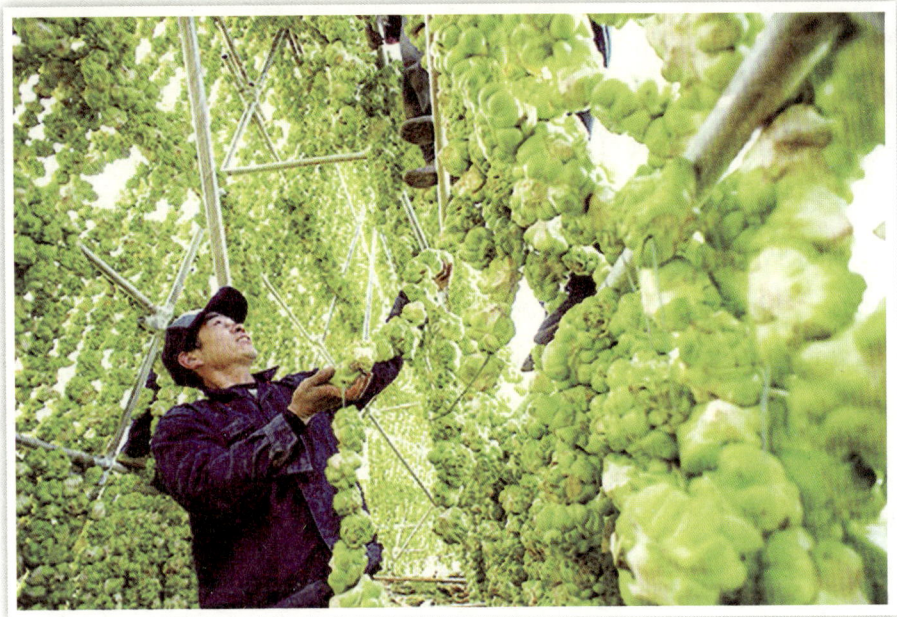

3. 抓拓展农业功能，促进农旅交叉融合

积极开发农业的多种功能，引导龙头企业向农村服务业延伸，带动农民发展休闲农业与乡村旅游。全市已发展农家乐 2 万余家，乡村旅游景区景点 3 000 余个，休闲果园 5 300 多个，休闲渔业 4.9 万亩，在 177 个贫困村发展乡村旅游接待户 1.3 万户。2014 年全市乡村旅游接待游客达 1 亿人次，实现综合旅游收入 190 多亿元。重庆龙邦农业公司采取公司以现金出资、147 户农户以 2 600 亩土地经营权入股组建合作社，按照"公司 + 股份合作社 + 农户"模式，建设集休闲旅游、荷花观赏、莲藕生产、"荷"文化展示于一体的湿地生态荷花园。土地每亩折价 700 元 / 年（每年公司向社员保底 400 元，余下 300 元作为股份入股），利润由公司与入股社员按 6∶4 分成。2014 年合作社销售收入达 4 850 万元。

4. 抓利益联结机制，促进农企紧密融合

巩固完善"公司 + 农户""公司 + 合作社 + 农户"、订单保护价收购等基本组织形式和利益机制，探索推行企业无偿提供种苗、种畜和生产资料，农户代种代养、收益保底等"零首付"发展生产方式。重庆恒都农业开发公司采取"公司买牛、农户领养、到期还牛、犊牛归户"模式，从市外购回优良能繁母牛送给农户寄养，所产犊牛归农户，育肥后由公司回购，8年后公司收回母牛。积极探索土地入股发展农业产业化经营，重庆桂楼公司创造了农民以土地入股、企业以现金入股组建生猪养殖公司的"龙头企业＋基地公司"模式。在渝北等区县探索试点财政农业项目补贴资金股权化改革，按照"拨改投"思路，改财政补贴全额给业主为将部分补助资金股份化、农民与业主共同持股。

5. 抓互联网技术运用，促进农业与信息化融合

培育了香满园、每日鲜、味派网、绿优鲜、亿农加、桃花源赶场天等一批本土涉农电商平台，香满园网上销售农产品1.08亿元，梁平天农八部网上专营梁平柚，销售额突破5 000万元。于2011年建成国家级重庆（荣昌）生猪交易市场，在成功实现100万头仔猪电子拍卖交易基础上，2014年5月生猪活体现货挂牌交易正式上线。2015年，市政府又推出了信息化助推农业农村发展机制改革，实施农村信息化基础设施、数据资源、服务体系、农村电商、公共服务、生产经营、社会管理和人才支撑等"八大工程"。

（三）下一步的思路和措施

1. 开展全产业链建设行动

虽然农业产业化与农业产业链是两个不同的范畴，但却有着紧密的联系。要从产业化角度来审视农业产业链的薄弱环节，推进和强化产业链建设。一是加强农业社会化服务体系建设，大力发展农业生产性服务，这既可以增加就业，又能解决"谁来种地、如何种地"问题，促进农业与服务业的融合。建议加快农业全程社会化服务试点和推广。二是大力培育新型经营主体。无论是农业产业化经营、农业产业链建设，还是农村一二三产业融合发展，都需要各市场主体积极参与，特别是新型经营主体的参与，否则就会基础不牢。因此，要拓宽农业产业化视野，把培育家庭农场、农民合作社等新型经营主体纳入产业化经营体系和工作体系中，推进农村大众创业、万众创新。建议降低有关农业项

加强农业社会化服务体系建设

大力培育新型经营主体

开展全产业链建设行动

强化农产品冷链物流系统建设

将休闲农业作为一大产业来抓

目"门槛",取消点多面广小型项目招标管理规定,让农民合作社等新型主体有实施项目的机会。三是强化农产品冷链物流系统建设,支持龙头企业和农民合作社配套完善冷链物流设施设备。四是将休闲农业作为一大产业来抓。

2. 开展转型升级促进行动

一是继续培育壮大龙头企业。一方面,鼓励城市资本下乡,发展农产品加工流通、农业生产服务业以及适合企业化经营的现代种养业等,壮大龙头企业群体;另一方面,调整政策重心,重点扶持中小龙头企业做大做强,增强带动能力。二是支持企业创新体系建设。强化政策引导,鼓励企业建立创新中心,以科技创新为核心,全方位推进产品创新、品牌创新、产业组织创新、商业模式创新。建立健全涵盖产加销全程的农业产业技术体系。加强企业知识产权保护,会同有关部门加大对假冒伪劣等侵权行为的打击力度。三是加快推进农业农村信息化建设。用信息化提升农业产业化,推进二者深度融合,打造一批农产品电商平台,培育一批电商龙头企业。

3. 开展模式机制创新行动

进一步探索健全农业产业化经营机制,抓好土地经营权入股发展农业产业化试点,探索有效的入股载体、入股方式及运行机制。积极发展股份合作制、合作制、股份制等组织形式,打造利益共同体和命运共同体。建议按十七届三中全会《中共中央关于推进农村改革发展若干重大问题的决定》规定,出台"在土地利用规划确定的城镇建设用地范围外,经批准占用农村集体土地建设非公益性项目,允许农民依法通过多种方式参与开发经营并保障农民合法权益"的具体规定,确保这项政策落到实处。积极探索农业产业化促进农村一二三产业融合发展模式,建议扩大农产品初加工补助试点范围,鼓励农民合作社等新型经营主体向初加工和流通延伸;支持龙头企业向前延伸建设标准化原料基地,向后延伸建立物流配送和市场营销体系。

4. 开展试验示范创建行动

建议以农业产业化示范基地为平台,开展农业产业化促进农村一二三产业融合发展试验示范,制定出台指导性意见,提出融合的主要内容、路径和可供选择的模式,以及工作要求和支持政策等,并作为产业化示范基地监测评估的一项重要内容。通过试验示范,总结经验,完善思路办法和政策,带动面上一二三产业融合发展。

单元四
农村一二三产业融合的国际比较研究

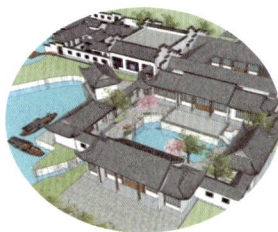

单元提示

1. 日韩的六次产业化
2. 荷兰的三产融合
3. 借鉴他国发展"第六产业"的对策建议

开展农村一二三产业融合发展的理论研究，其根本目的是要讨论如何利用三产融合理论指导实践，促进我国农村发展、农民增收、农业现代化及建设友好健康环保新型农业。这条现代化友好农业发展道路，一些国家尤其是日韩及欧洲的一些国家已经走过，因此本单元主要介绍日韩及欧洲农业现代化国家的代表——荷兰促进农业与二三产业融合、发展现代化农业的一些具体做法和经验，并就我国当前如何借鉴国际经验、推进农村一二三产业融合发展提出相应的对策建议。

一、日韩的六次产业化

（一）六次产业化的背景和实质

1. 六次产业化的提出背景

六次产业化是 20 世纪 90 年代日本学者今村奈良臣提出的一种农业发展理念，认为六次产业是指农村地区一二三次产业之和，农业要走产业融合之路。后来，这一发展理念逐步被日本政府采纳，2009 年 11 月农林水产省专门制定了《六次产业化白皮书》，2010 年颁布实施了《六次产业化·地产地消法》，正式以法律形式确立了六次产业政策。六次产业化从理论层面到付诸实践，主要有三个方面的背景。一是农村空心化和农村劳动力老龄化问题日益严重。据农林水产省统计，1995~2010年，日本农业劳动者从256万人下降到205万人，减少20%；农业从业者平均年龄从59.6岁增加到66.1岁，其中70岁以上的高龄农业从业者超过100万人，占全部从业者的一半左右。二是农民农业收入逐步下滑。据统计，2008年农户收入为294万日元，与20世纪90年代最高时（1995年农户收入为689万日元）相比，还不到其一半。三是安倍政府提出"地方创生"计划，旨在通过融合互动发展农村二三产业，激发农村经济的活力，减少人口下降带来的影响。

韩国与日本有着类似的背景。进入21世纪以来，韩国农村人口老龄化状况日益严重，农村中1/3的劳动力在65岁以上，步入了超高龄化时代，而且随着全球化步伐的加快，韩国农产品市场开放程度不断加大，农产品进口量逐年增加，国内农产品受到不同程度的冲击，韩国传统农业产业面临着巨大的挑战。在这样的背景下，为发展农村经济和提高农业收益，韩国将发展六次产业作为重要举措，并于2014年颁布实施了《农村复合产业培育与发展支援法》，以法律形式推动六次产业的发展。

2．如何看待六次产业化

根据农林水产省提供的资料，所谓六次产业化，是指以农业为基础，以农林水产劳动者[①]为主体，通过有效开发利用农村当地优势资源，积极发展农产品加工、流通销售及相关服务业，形成集生产、加工、销售和服务为一体的完整产业链，进而提高农业附加值，增加农村就业和农民收入。日本农林中央金库综合研究所室屋研究员认为，六次产业是在日本农产品市场已经饱和的状况下，通过开发本地产品，挖掘出新的消费点。日本农林水产省研究所小林茂典认为，六次产业化是以地区资源为中心创造附加值的过程。中村学园大学甲斐教授认为，六次产业化的本质是农民自己给自己创造更多的机会。结合以上观点，我们认为，六次产业化的核心是依托当地农民开发利用当地资源，手段是延伸产业链和提升价值链，目标是留住产业、留住利润、留住人气。

在考察过程中，日本和韩国的专家都认为，六次产业化并不是凭空而来的

---

① 包括农场主、合作社、农协、以农民为主的农业企业等。

全新概念，而是有一个逐步发展的过程。日本农协在20世纪70年代就开办了很多食品加工厂，组织农户生产加工蔬菜、烤肉酱、沙拉酱等，并在市场中销售；在80年代起源于大分县的"一村一品"运动逐步兴起，产加销一体化和农村休闲观光获得了快速发展。韩国政府从20世纪70年代开始在农村推行"新村运动"，大力倡导农业的多元化，发展农业休闲观光、加工食品制造业、农产品产地直销等。可以说，这些业态已具备了六次产业化的雏形，并成为日后发展六次产业的重要基础。我们认为，六次产业正是在农业产业化的基础上发展起来的，是农业产业化的升级版。

3.六次产业化的实质

通过考察发现，六次产业化有三个方面的本质特征。一是利益共同体。六次产业化涉及农户、合作社、农协、企业等不同类型的主体，这些主体间并不简单表现为买卖关系，往往都通过合作、入股等方式较为紧密地联系在一起，从而形成利益共享、风险共担的共同体。二是定价权。农民在六次产业中占有定价权，一方面是由于六次产业主要依托地方独特的资源优势和品牌价值，农民处于主导地位；另一方面农民的组织化程度较高，在与企业合作过程中，农民拥有控股的出资额和投票权，从而在运营管理、利益分配等方面拥有较大的话语权。三是可持续。六次产业的基础在农业，日韩在发展六次产业过程中，政府承担了绝大部分农业基础设施投入，并在农产品价格、农业保险、农业补贴等方面有一系列的支持保护政策，夯实了农业根基，保障了农业的可持续发展。

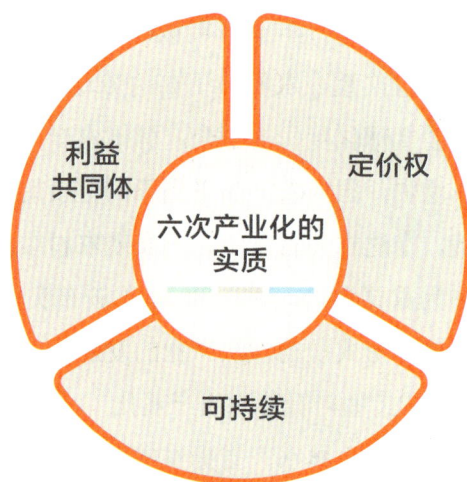

（二）发展六次产业化的做法

1.六次产业化的几种类型

从笔者调研的情况看，日本主要是围绕地产地销发展六次产业，韩国则重点支持合作社前延后伸发展六次产业。从产业类型看，主要有四种：一是农产品加工型，主要利用当地农产品发展农产品加工业和食品工业；二是农产品直销型，通过建立直销店销售当地农产品和加工品；三是产＋销综合型，农产品生产、加工、销售、餐饮等一体化发展；四是休闲观光型，发展农事体验、乡村旅游、餐饮住宿等。

从主体来看，六次产业化主要有五种类型。

一是农业生产者向后延伸型。这种类型以从事农业生产的专业农民为六次产业主体，在发展生产的同时，开展农产品加工、销售或者观光体验。如福冈县掘田牧场养殖了 200 多头日本和牛，为了提高效益，牧场主利用自家生产的牛肉开办了一家烤肉店，以地产的和牛为主要卖点，吸引周边的消费者。据牧场主介绍，虽然该餐厅地理位置比较偏僻，由于是地产和牛，虽价格不菲，但仍受到当地消费者的青睐，目前餐厅经营状况良好，并计划在积累经验后再到福冈市开一家餐厅。

二是农协主导型。这种类型比较普遍，主要得益于基层农协在农村地区的广泛建立，通过农协的前延后伸、接二连三，建立农产品加工生产设施、品牌和市场网络等，并由农协成立专门的公司来运作经营。如福冈县糸岛农协开办的"伊都菜彩"农产品直销店，由农协出资 8 亿日元建设了流通设施，有 1 500 个农户和渔民为其直接供货，农户将农产品进行加工和包装后直接发往直销店，产品并由农户自己定价，直销店收取 15% 的手续费作为运营成本。据农协负责人介绍，目前直销店年销售额达 40 亿日元。在考察现场，我们感觉直销店人气很旺，停车场停满了汽车，很多消费者都是从几十千米外的地方赶来，一方面可以购买到当地的新鲜农产品，另一方面还可以感受农村的田园风光，虽然才到中午，但大部分商品都销售一空。我们还考察了福冈县彩虹农协举办的加工厂和直销店，总投资 27 亿日元建立了加工和流通设施，对当地农户生产的柿子、番茄、无花果、葡萄等进行筛选、分级、加工和包装，销往全国各地，2014 年销售收入达 62 亿日元。

三是合作社引领型。这种类型以合作社兴办农产品加工和营销为主要特点，形成产加销一体化的发展方式。如韩国京畿道坡州市山葡萄农园营农组合法人（合作社）由当地 49 个农户共同出资 13 亿韩元成立，依托当地山葡萄发展葡萄酒加工，年生产量达 300 吨；忠清南道白石味营农组合法人和 Cogkol 食品营农组合法人分别是生产传统糕点和酱菜的合作社，主要成员都是当地的高龄妇女，根据传统制作方法将当地原料加工成传统风味的食品。日本神奈川县高座养殖合作社由 8 名农户组成，专门从事生猪养殖，并于 4 年前出资兴办了一家香肠公司，发展香肠加工、销售和餐饮，将产业链条延伸到二三产业领域。

四是地方政府推动型。这种类型以市町村自治政府主导，通过修建农产品加工设施和流通设施，开展一二三产业的经营活动。如福冈县筑前町于 2009年投资 5 亿日元建立了农产品直销店并由第三方公司运营管理，发展农产品直销、农事体验和餐饮业，目前有 321 个农户为直销店供货，2014 年销售额达 5.5亿日元，第三方公司不以营利为目的，只收取农户销售收入的 15% 作为手续费维持公司运营。我们在现场看到，为了让消费者更好地体验传统的农村生活，直销店前专门打了几口压水井，餐厅提供的食物也尽量模仿地道的农村风味，让消费者更加充分地领略农村风貌。

五是农工商合作型。农业生产者与食品制造企业、流通企业共享各自的经营资源，借助生产加工技术、销售网络和品牌优势共同致力于新商品、新服务的开发。在这种类型中，农工商一般通过加价订单收购、入股等方式结成紧密的利益共同体。如大分县大山町地处山区，30 年前村民都以种植水稻为生，但由于自然条件不好，收益很不理想，后来村民改种更加适合当地特点的梅子，梅子生产不断发展壮大。为提高梅子产业的附加值，由大山町政府、威士忌公司及个人共同出资成立了梦工场公司，与当地农户合作，只用当地生产的梅子并加价 10% 以上收购，针对中高端客户开发梅子酒、梅精、梅饮料等系列产品，取得了很好的经济效益。同时，公司还建立直销店、旅馆，发展第三产业。据公司负责人介绍，2014 年公司销售收入达 7 亿日元。

2．支持政策体系

（1）专门直接支持六次产业化的政策。为推进六次产业化，日本、韩国都设立专项资金，用于补贴、投资以及为六次产业主体提供咨询服务。

一是设立专项资金。日本对六次产业中涉及的主要环节都有专项资金的补助，如六次产业主体在建设农产品直销店、农产品加工、流通和销售设施建设过程中，财政补贴 3/10；对市町村实施六次产业所需的加工设备，财政补贴 1/2；企业和农户在开发新的产品和开拓产品的销售渠道过程中，财政补贴 1/3；此外，当农户或者其他经营主体在发展六次产业的过程中，自有资金不足时，可以申请国家的无息或低息贷款。据农林水产省提供的材料，2014 年日本六次产业专项资金为 12.4 亿日元，2015 年预算资金为 21.3 亿日元。韩国对六次产业主体购置加工、流通设备给予补贴，2014 年补贴额度为 30 亿韩元。韩国忠清南道 2015 年设立的 5 兆韩元农业补贴中，有 1.5 兆专门支持六次产业化，对六次产业主体购置加工和运输流通设施设备，中央、地方、农民分别按照 50%、30%、20% 进行出资。

二是建立六次产业化基金。2010 年日本内阁会议通过"农林渔业成长产业化支援机构"设置法案，并于 2013 年由中央财政出资 300 亿，野村证券、丰田公司、农林中央金库、食品加工企业等民间组织出资 18 亿日元，成立六次产业化投资基金（A-FIVE 基金），由农林渔业成长产业化支援机构负责 A-FIVE 基金的运营管理。同时，该投资基金再与地方金融机构以 1:1 出资，在都道府县成立子基金，支持当地农林渔业者投资发展六次产业。截至 2015 年 7 月，共在各都道府县成立了 53 个子基金，基金总规模 750 亿日元。在基金使用上，地方农业生产主体、加工企业、基金分别按照 1:1:2 进行出资，其中基金出资年限为 15 年，且不限定具体的用途，六次产业经营体可以根据自身的需要灵活安排，具有较大的自由度。基金的出资对象限于农林水产省认定的六次产业经营体，首先要经过子基金的审查，再由 A-FIVE 基金复审，最后由农林水产省审定。到 2015 年 7 月，各都道府县的子基金已为 65 个六次产业主体进行出资，出资总额 40.59 亿日元，其中 A-FIVE 基金的出资额为 20.3 亿日元。

三是支持指导、咨询服务。日本、韩国都出台扶持政策，各级政府也设立了专门资金，负责对六次产业主体开展经营辅导、政策咨询、市场开拓、新产品开发、宣传培训、包装设计等方面的指导服务。日本中央财政设立了六次产业化支援专项，为六次产业主体提供专家咨询、人才培养、信息交流等服务，支持开展六次产业综合计划制订、市场调查、新产品发布、营销策划等。2015年，日本六次产业化支援专项资金规模达3.2亿日元。福冈县建立六次产业化扶持中心，聘请了10名专家，重点支持新产品开发和市场宣传。韩国将咨询服务作为政府政策的主要着力点，采取政府买单的方式，教农民怎么"卖点子"。忠清南道建立了35名专家组成的专家委员会，免费为农民提供产品设计、包装设计等服务。

（2）六次产业发展的配套措施。为配套支持六次产业发展，日本出台了农工商合作事业计划、综合化事业计划、农业技术创新计划，明确对农工商合作、新技术研发引进推广、新产品开发、新市场拓展等予以支持。六次产业主体都可以申请这些计划的支持。如彩虹农协开办的农产品加工项目，就得到了综合事业计划的大力支持，日本中央、省和村三级共补贴了10亿日元。神奈川县高座香肠公司利用生产香肠产生的废料猪油开发出人造黄油，获得了50万日元的新产品开发补贴。

（3）支持农业生产发展的政策。六次产业的基础在农业，日本政府重视农业基础设施建设、农业支持保护和生产技术服务，强调农民的利益不受损失。日本农田水利和田间道路都是由日本政府投资建设的；针对水稻产能过剩的问题，规定40%的水稻改种饲料稻，并由日本政府进行产业结构调整的补贴；建立蔬菜价格保险制度，对当年生产过剩的蔬菜进行销毁，并由日本政府进行全额补贴，尽量保护农民和农业。在我们考察的一些地方，尽管地理位置非常偏僻，但日本政府同样提供了高标准的柏油路、混凝土水渠等设施，以及完善的技术推广服务，给我们留下了深刻的印象。

3．管理体制

日本和韩国在中央和省两级农业部门都设有专门负责六次产业化的机构，主要负责六次产业的发展规划、产业投资、主体认定、指导服务等。日本在中央政府层面有农林水产省和经济产业省负责六次产业化的发展，下设有专门的司局和处室，负责认定六次产业主体，并给予指导和支持；在都道府县的农业局也都设立六次产业化支援中心，负责生产指导、产品开发和宣传推介；日本还设立了农林渔业成长产业化基金及子基金，由农林水产省管理，负责对投资、指导以及项目审定。到 2015 年 7 月，日本共认定了 2 105 个六次产业经营体。韩国在中央层面的负责机构是农林部农村产业司，将资金拨付给农渔村公社（事业单位），具体负责认定六次产业主体、六次产业地区，并予以指导支持；在各省都设有六次产业化支援促进中心，主要负责对六次产业主体进行政策咨询、品牌宣传和经营指导。截至 2015 年，韩国共认证了 9 个以葡萄、酱菜、绿茶等为主导产业的六次产业示范区，1 400 个六次产业经营示范主体。

（三）对我们的启示

1. 解决农业农村问题，应走产业融合发展的路子

日本、韩国着眼于农业农村中出现的突出问题，通过发展六次产业，取得了积极成效。2013 年日本农业生产相关产业年度销售总额为 1.83 兆日元，比 2010 年增长了 10.9%，其中农产品加工业和直销产值分别为 8 407 亿日元和 9 026 亿日元，分别比 2010 年增长了 8% 和 10.4%。2014 年韩国认定的 400 家六次产业经营示范主体的销售额比上年增长了 11.2%。我国与日韩同属东亚国家，农业农村发展的资源禀赋多有共同之处，在当前农业农村方面，也出现了类似于日韩的农村劳动力老龄化、空心化、农业后继无人、农村地域经济衰退等问题。要解决这些问题，不能单就农业谈农业，要通过延伸产业链和提升价值链，实现农村一二三产业的联动互动、融合发展，让农民分享产业增值的收益。

2. 充分利用当地资源，将产业做大做优做强

开发优势资源、培育优势产业，形成独具特色的区域品牌，产业化才有竞争力。日本发展地产地消、一村一品，韩国开展新村运动、发展复合产业，也都是强调依托本地资源的开发利用和区域优势品牌的打造，为农村经济的转型和升级提供了产业支撑。日韩农村产业发展的历程表明，要充分开发利用当地资源、培育当地主导产业、提升品牌效益，推进农业农村发展从资源优势到产品优势再到市场优势的转变。

3. 促进产业化各主体融合需要黏合剂

在考察过程中，我们深切感受到六次产业化各类主体之间并不是简单的商品和服务买卖关系，而是通过入股等方式更紧密地连在一起。之所以能形成这

种格局，主要得益于政策设计中的黏合机制。如日本和韩国在认定六次产业化主体时，都明确地将农户或合作社参股作为前置条件；日本六次产业化基金规定，农户（合作社）、加工企业、基金分别按照1：1：2进行出资，如此一来，农户、企业等就产业化主体就被有效黏合起来，并形成利益分享和融合发展机制。这对我国推进农业产业化和农村一二三产业融合发展具有很强的启示和借鉴意义。

4. 政府强力推动是发展六次产业的关键

在我国，农业家庭经营较为分散、实力弱、积累慢，在发展六次产业过程中，完全依靠农民自己是无法实现的，需要政府的推动。在调研中，我们深切感受到，日本和韩国都有完善的政策体系和管理体系。日本、韩国都设立了财政、金融、咨询等一系列政策，重点支持设施设备、技术创新、基础设施建设、农业经营人才；都建立了较为完备的从中央到地方的管理体系，有力支撑了监督管理和指导服务。各级政府注重六次产业的规划指引、宣传推动、资金支持、项目扶持，形成了推动六次产业发展的政策环境。

5. 制度和法制是六次产业发展的重要保障

日本、韩国都出台一系列法律政策来保障六次产业的发展。日本出台了《六次产业化·地产地消法》以及配套的《农山渔村六次产业化政策实施纲要》《农山渔村六次产业化政策工作相关补助金交付纲要》《农业主导型六次产业化准备工作实施纲要》《农业主导型六次产业化准备工作补助对象事业以及补助对象事业费》《股份公司农林渔业增长产业化支援机构法》等法案，保障了六次产业的实施和推进。韩国1983年颁布了《农渔村收入源开发促进法》，让非农业收入政策正式化，尝试开发非农业收入。此后陆续颁布了《农渔业、农渔村及食品产业基本法》《食品产业振兴法》《农民等非农业收入支援法》《农渔业经营体培育及支援法》《农村融合复合产业培育及支援法》，通过融合复合化的农村产业政策持续发展，形成了六次产业化的法律体系。

6. 好的创意是六次产业的核心竞争力所在

在考察过程中，无论是六次产业主体，还是地方政府或其他机构，都强调有好的点子、好的创意，能否开发出消费者愿意购买的商品，才是六次产业能否成功的关键。如日本大分县梦工厂公司，将农户种植的梅子开发出梅子系列产品并发展销售、餐饮、住宿等第三产业，经营效益逐年提升。韩国坡州山葡萄农业企业法人，20 多年来不断探索拓展山葡萄产业功能，先后开发山葡萄酒、山葡萄饮料、葡萄酒酿造体验、葡萄酒储藏、观光旅游等项目，吸引消费者。

二、荷兰的三产融合

　　荷兰位于西欧的北部，是一个典型的人多地少、农业资源贫乏的国家。其人口密度比我国还要高，荷兰全国的耕地与牧场面积加起来不到 200 万公顷，人均耕地面积 1.3 亩，与我国的水平不相上下；同时荷兰属于温带海洋性气候，光照不够充足，会影响农作物的生产。可以说，荷兰农业存在"先天不足"的缺陷。但荷兰却是当今世界上最发的农业现代化国家之一，以不足世界农业人口的 0.02% 及不到世界耕地面积的 0.07%，创造出了出口农产品占全世界 9% 的奇迹，尤其是在畜牧业、花卉产业和农产品加工业等多个领域均取得了举世瞩目的成绩，是全球举足轻重的农业发达国家，素有"欧洲菜园""欧洲花匠"之称。据统计，2011 年，荷兰农业出口总额达到 728 亿欧元，仅次于美国，位于世界第二。荷兰的农业以集约化、专业化、高新技术与现代化管理模式为特点，在短时间内创造出了"荷兰农业奇迹"。从荷兰发展现代化农业的历程

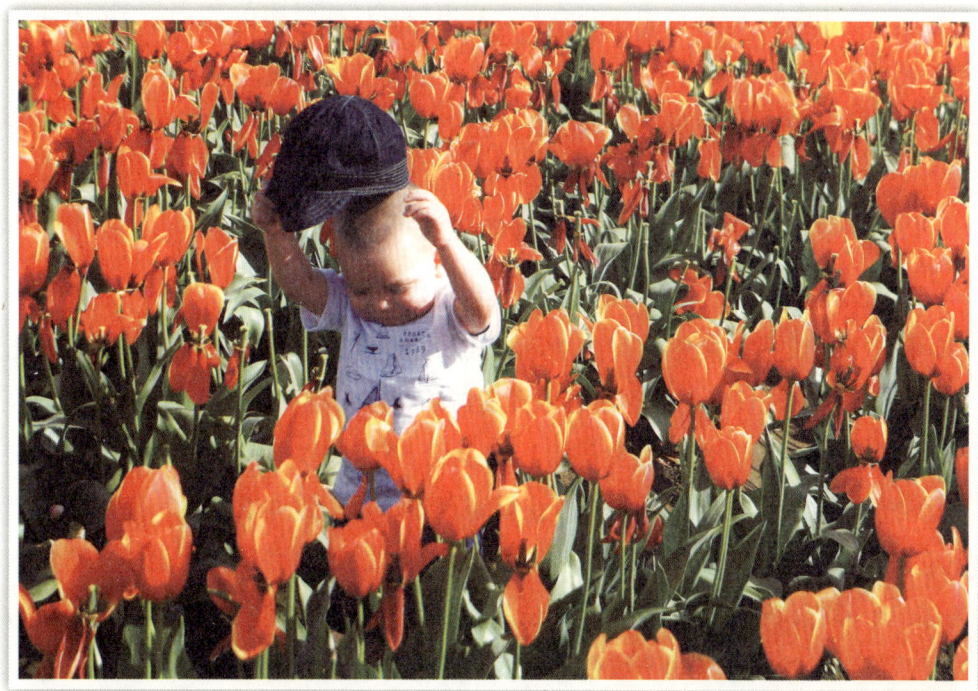

荷兰郁金香照片

来看，荷兰农业奇迹与其农业一二三产业不断融合密切相关，在多个方面值得我国借鉴。

（一）荷兰发展现代化农业的背景

荷兰发展现代农业的时间较短，仅有150年左右的时间。荷兰实现农业的现代化与政府实行因势利导的政策密不可分。第二次世界大战之后，面对严重的农产品短缺，荷兰政府开始干预农业，并加强了对农业的保护，提出了一系列政策来提高农业的产量，包括通过运用科技手段来提高土地的质量，通过研究作物新品种、研发新技术等手段来提高农产品的产量等，同时荷兰政府还鼓励农民耕种新作物，以满足市场的需求，稳定粮食供应。20世纪50年代，随着农业专业化、商业化水平的不断提高，西欧各国面对国家间的贸易壁垒，强烈要求取消各国之间的关税及其他贸易限制，在西欧各国的强烈呼吁下，1962年各国之间的贸易壁垒被取消，欧共体形成，统一的农业政策产生了。此后的荷兰农业政策进入了一种超国家的调节状态。荷兰的农业补贴政策主要执行欧共体的农业补贴政策，目标立足于保持农民收入稳定，提高农产品质量和促进农业、农村可持续发展，确保生态环境不被破坏。欧共体在整个农业政策的推行过程中，体现了坚持长期补贴农业，并根据具体情况变化而不断完善农业政策的特点。20世纪80年代之后，荷兰农业实现了现代化，进入了农业发展的巅峰时期，一跃成为世界上最大的农产品出口国之一，并一直持续到现在。

（二）荷兰发展现代化农业的具体做法

1. 充分发挥农业比较优势，发展集约型农业

荷兰农业之所以能够取得成功，与其长期坚持充分利用和发挥本国农业比较优势，按照比较优势的原则进行农业资源配置密切相关。荷兰的地势比较低，不利于种植小麦、谷物等粮食作物，20世纪50年代以来，荷兰大幅削减了缺乏优势的谷物等大田作物的种植，主要通过进口获取这些农产品。而从另一个视角来看，尽管地势较低，但荷兰境内降水充沛、地势平坦、水淤沙土等自然条件却十分有利于牧草等作物的生长，为此荷兰调整了其农业产业结构，大力发展欧洲市场需求旺盛的畜牧业、蔬菜、花卉等产业。

由于荷兰土地资源非常稀缺，荷兰人"视地为金"，农民特别注重土地的

集约使用，千方百计地提高土地的利用率。荷兰政府把国土划分为管理规划范围土地、管理协议书范围土地和保留地三种类型，对于每一种类型土地的购置和使用都有着严格的政策和法律规定。为了节约耕地，荷兰大力发展设施农业，目前全国共有 1.2 万公顷的现代化自动控制温室，农户采取无土栽培技术，利用计算机来实现对室内温度、湿度、光照、施肥、用水、病虫害防治等多个流程的控制和调节，完全摆脱了农业生产对自然条件的依赖。另外，荷兰农民还利用温室养鱼，节约了大量的水面，同时利用先进的高新技术带来了温室养鱼的高产量。据统计，荷兰的温室总面积可以占到全世界温室总面积的 1/4，特别是在荷兰西部的威斯特兰地区，温室集中连片，设施先进，以"玻璃城"闻名于世界。

荷兰的奶牛养殖场也早已经普及了计算机管理，每头奶牛都佩戴了耳标，耳标中的芯片记录了奶牛的个体身份、育种记录、健康记录、每天的产奶量、采食量等详细信息，计算机的采用大大提高了农场主的管理和决策效率。荷兰的奶牛场大量使用机器人挤奶，实现了均衡挤奶，将奶牛的产奶量单产提高了 15% 以上，荷兰是欧洲各国采用机器人挤奶最多的国家。

荷兰农业和园艺产业的集约程度也在不断提高，据统计，从 1994 到 2001 年期间，荷兰农业从业人数从 28.2 万人下降到 26.8 万人，下降了 5%；从 1990 到 2006 年，荷兰的农场数量下降了近 1/3，但农场规模在不断扩大，出现了许多巨型农场。2006 年，全荷兰约有 1 600 个巨型农场，其产量占到了荷兰整个农场部门总产量的 20% 以上。

高度集约的农业为荷兰农业带来了高产量和高效益，据统计，荷兰平均每个农业劳动力可以养活 112 个人，是英、法、德等欧洲其他国家的 3~4 倍。

2. 推动技术创新，构建高效的农业产业链条，打造产业集群

通过将节能温室、照明技术、机器人、水和废弃物的循环利用、计算机信息技术、先进的机械技术、工程技术、电子技术及生物技术等高新技术植入农业产业领域，荷兰实现了现代化的农业生产经营方式，构建了高效的农业产业链条，包含了从生产资料的投入供应、农业生产、农产品加工、销售、服务、贸易等多个环节，涵盖了"从田间到餐桌"的全过程。目前，荷兰是全世界农产品产业链条管理水平最高的国家之一，其农产品产业链条已经从产品链、物流链扩展到了产品价值链和信息链。完整、高效的农业产业链条为荷兰农产品

附加值的增加、农民收入水平的增加及农业国际竞争力的提升打下了坚实的基础。

在高效的农业产业链条基础之上，荷兰也充分利用自身所处"欧洲门户"的优越地理位置、高效的物流体系和贸易体系，形成了荷兰农业"大出大进"的贸易格局，大量进口国外农业原材料和半成品，通过深加工之后增值再出口到其他国家，门类涉及乳制品、肉类加工、果蔬加工、酿造和饮料等，目前，荷兰的加工产值可以占到农业总产值的1/3左右。荷兰农业依托于高效的农业产业链条衔接及与二三产业的高度融合，实现了农业创汇。

近年来，荷兰通过大力推进技术和产业创新，在高效的农业产业链条基础上打造了产业集群。其中，"食品谷"和"绿港"都是荷兰高效农业产业链条基础上形成的典型产业集群代表。"食品谷"是一个集聚了国际食品产业企业、研究机构以及瓦赫宁根大学和研究中心的一个产业集群区域，该区域既有食品产业企业，也有高端的研究机构，为欧洲最具权威的农产品和食品营养研究和实业中心。"绿港"是荷兰政府将园艺产业中的各环节集聚起来，形成了综合性、国家化的园艺产业区域。"绿港"中既有与园艺行业相关的企业和组织，也有从事园艺研究的研究机构，形成了包括园艺产品的育种、生产、收购、加工、储运、销售等所有环节的完整产业链条，通过高效的园艺产业链条，"绿港"实现了生产优化、品质高端、土地集约使用、附加值高等多种用途，保证了荷兰园艺产业的国际竞争力。

3. 大力发展创意农业产业，提高农产品附加值

在高度集约化的农业生产模式和高效、完整的产业链条支撑下，荷兰将本国优美的自然生态环境和田园风光、浓郁的文化气息、悠久的传统文化、风土人情、高超的创意设计与农业产业结合起来，大力发展创意农业产业，大幅提升农产品的附加值。荷兰的现代化农业不仅仅是一种产业，还是荷兰传统文化、风土人情的载体，在农业生产过程中附加上休闲娱乐、文化传承、观光旅游等功能，形成了完整的产业链条，满足了不同消费者的需求。荷兰的风车、木鞋、奶酪和郁金香构成了荷兰四宝，在荷兰的创业农业产业中扮演着重要的角色。文化创意、旅游观光与农业产业结合起来，造就了荷兰现代化农业的新业态，使得农产品具有更大的市场吸引力和竞争力，创造出了新的市场价值和空间。

以荷兰的花卉产业为例，荷兰素有"欧洲花园"和"花卉王国"的美称，荷

兰花卉产业的生产总值约占荷兰农业生产总值的1/5。荷兰在打造花卉产业过程中，进行了创意性的开发，每年3~5月，荷兰的花田犹如色彩斑斓的调色板，因此荷兰的春天被誉为"世界上最美丽的春天"，荷兰政府将每年最接近5月15号的星期三定为"郁金香节"，举办大规模的郁金香花车游行活动，吸引着来自全世界的游客。

荷兰1950年建成了世界上最大的郁金香主题公园——酷肯霍夫公园，公园内的郁金香品种、数量、质量及布置手法堪称世界之最。每年3~4月都会在这里举办为期8周左右的花展，近年来荷兰每年在酷肯霍夫公园举办的花展都会吸引上百万人次的观赏，其中外国人占了绝大多数。主题公园及花卉创意产业的开发大幅提升了荷兰旅游业、农业的附加值。

4. 注重环保，建设有活力的"新农村"

在20世纪50年代之前，荷兰农业为了追求高产出，大量地使用了农药和化肥。50年代之后，欧洲开始对自然、环境、食物安全表现出空前的关注，随着欧共体农业产业政策的调整，根据欧洲环境立法的要求，荷兰加强对农用地、农药化肥施用量、牲畜排泄数量等方面的控制，努力减少农药残留、化肥等有害物质对农业的污染。

尤其是80年代后期以来，荷兰政府对保护生态环境越来越重视，通过立法、政府计划及税收等强化了对环境的保护，把土地划分为"农用"（绿色用地）和"非用地"（红色用地）两类，并制定了农业生产方面的重点政策：控制农用化学品如化肥农药等的使用，防止水体和土壤污染；加强厩肥的无害化处理，控制氮、磷等有害气体的排放量；促使不宜农耕的土地退耕，改做自然保护区或户外娱乐活动场所；建立由核心地区、自然开发区、生态走廊组成的国家生态网，保护野生动物等。此外，国家制定了与环保息息相关的税收和财政政策，开征了"燃料税"和"过量施肥税"，鼓励不同农业经营主体发展可持续的农业生产体系和从事"绿色"的经济活动等。环境政策早已成为荷兰从事农业生产的准绳之一，农业生产者及产销各个环节都要在市场上通过环境质量认定来证明自己的品质，提高其产品附加值。荷兰农业凭借着绿色环保的高品质在国际上进一步增强了其竞争力，不断稳固和增强其在世界农业市场的份额和价值。

荷兰对于绿色农业寄予了厚望，希望绿色农业能够在保持农村地区活力中发挥重要作用，满足社会多样化的需求，发挥多种功能，为农村地区的经济繁荣和保持居民良好生活品质做出贡献，为此荷兰政府提出了建设"充满活力的农村"概念，通过发展绿色农业来提供农民的收入，让农民自愿留在农村地区经营农业并保持自然生态环境，繁荣农村地区的经济活力，保障农业和农村的可持续发展。

5. 自动自发，建立互惠共赢的农业合作模式

荷兰农业以家庭农场经营为主，个体农户的市场竞争力有限，在这样的背景下，荷兰农民自动自发，建立起了互惠共赢的农业合作组织，来抵御市场的风险。荷兰农业合作社的基本特点：合作社完全是基于农民之间的协定，完全基于自愿的原则，完全按照民主的方式进行管理，参加合作社的农民对于自身的生产决策和生产过程享有完全的独立性，合作社的活动不受政府的干预。荷兰的合作社涵盖了农业生产、销售、农机、加工、保险、金融等多个领域，为保护农民的利益发挥着重要的作用。

荷兰的农业合作社主要包括两种类型：一种是为农场提供各种服务的合作社，其目的是为了加强农民的市场力量，主要包括采购合作社、销售合作社、加工合作社、信贷合作社及其他服务性合作社，如仓储、救济、质量控制和农业管理辅导等；另一种合作社是法定产业组织，如各种行业协会、商业协会等组织，其目的是把农民联合起来，加强农场主的政治地位和社会地位，最终能够保护自己的利益。

需要特别说明的是，荷兰的销售合作社是通过具有特色的方式——拍卖来达到销售农产品的目的。拍卖场也是由生产者建立和经营，具有合作社的性质，采用拍卖的方式把供需双方直接联系在一起，用最短的方式完成交易，该种方式既能缩短流通时间以保证农产品的鲜活品质，又能提高交易效率。荷兰80%以上的蔬菜和90%以上的鲜切花是通过拍卖的方式来成交的。总结荷兰的拍卖市场，具有以下功能：①产生价格。②农产品的集散地。③负责农产品的分级、分类、质量检验、包装和标准化管理。④储存。⑤提供现代化拍卖、销售设施及计算机显示系统。目前，随着网络技术的发展，荷兰的农产品拍卖交易市场出现了萎缩的迹象，许多花卉、蔬菜等产业开始在网上进行，在线交易，均可在短时间内送货。另外，一些大型超市通过直接与生产商订货来完成交易。

6. 推行"OVO"，建立高度发达的农业知识创新体系。所谓"OVO"是三个荷兰语单词的缩写，即 Onderzoek（研究）、Voorlichting（推广）和 Onderwijs

（教育），合在一起即农业知识创新体系，指的是农业科研、教育和推广系统三者协同发展，共同构成了荷兰现代化农业发展的三大支柱。荷兰政府把促进农业科研、教育和推广作为政府的重要的职责，以农民为核心，建立了全国性的农业知识创新体系和网络。该体系通过研究获得农业及相关知识，通过教育传播知识，再通过技术推广将所获得的农业及相关知识转化为实际所需的应用技术。

"OVO"体系的核心内容就是结合政府的各项政策，通过政府的力量研发农业新兴技术，积极为农民、农业提供各种最新技术，并通过提高农业从业人员和农民及相关主体的受教育水平，将新兴技术应用于实践，不断推动整个荷兰现代化农业的不断发展。可以说，"OVO"体系为荷兰深加工农业的科技化提供了重要的技术支撑，提高了荷兰农业整体的生产效率。该体系最鲜明的特点就是面向实际、面向农民，分布在全国各地，可以连通每一个农户；知识和信息的开放交流；组织结构层次分明、职责明确，适合农业生产需要等。

正是由于荷兰特有的"OVO"体系的存在，才造就了高素质、高经营能力的荷兰农民，使其能够不断跟上世界农业科技快速发展的步伐，造就了今天荷兰高度发达的现代化农业。

（三）荷兰发展现代化农业的保障措施

1. 因势利导的农业补贴政策是荷兰发展现代化农业的"坚强后盾"

荷兰政府在农业产业发展的不同阶段实行了不同的农业政策。第二次世界大战之后，面临着严重的粮食短缺问题，荷兰政府开始干预农业，推行农业保护政策，促使荷兰农业从 20 世纪 50 年代开始步入了快速发展的轨道。从 1962 年开始，荷兰开始执行欧共体农业政策（CAP），对农业实行价格支持政策；随着欧洲农业形势的不断变化，1992 年，欧盟对 CAP 进行了第一次重大改革，降低了价格支持水平，改为对农场主进行直接补贴，提高其收入水平；2000 年欧盟对 CAP 进行了第二次重大改革，进一步降低了价格支持水平，进一步扩大了直接补贴的范围，同时将农村发展放置在突出的位置，强调农业的多功能性和可持续性。2003 年，欧盟对 CAP 进行了第三次重大变革，将农业补贴与生态环保、食品安全、动物福利等严格挂钩，进一步加大了对农村发展项目的补贴力度。2005 年，欧盟通过了《2007~2013 年农村发展条例》，设立了专门用于支持欧洲农村发展的"欧洲农业农村发展基金"。2010年，欧盟发布了《走向2020共同农业政策——应对未来粮食、自然资源和区域挑战》，提出从2013年之后，欧共体的农业政策要确保粮食生产，对自然资源进行持续管理，维护农村地区的平衡发展和多样性，并且再次强调农业直接补贴要与生态环境、动物福利和食品安全等多个方面挂钩。从CAP整个的演变过程来看，欧盟根据欧洲农业的发展状况不断地进行政策调整，从单纯关注农业发展到强调农村、农业的多重发展，关注环保、食品安全和物种的多样性。对于荷兰发展现代化农业起到了举足轻重的作用。荷兰在执行欧共体农业政策的过程中，获得了大额的农业补贴。从2011年统计数据来看，当年荷兰共获得9.8亿欧元的农业补贴资金，其中绝大多数资金用于直接补贴和执行市场政策，这部分资金占到了支持额度的91%；少部分资金用于农村发展，占到支出金额的9%。

除此之外，荷兰政府还安排了大额的农业补贴，2011年安排了5亿欧元用于农村发展、支持农业知识创新体系、温室投资补贴、年轻农场主投资补贴和渔业投资补贴等；另外，荷兰政府还安排了约7.8亿欧元的资金量用于农业教育。

荷兰政府为了支持国内农场的发展建立了农业贷款担保基金，支持农场建设，特别是中等规模农场的建立、兼并和提升等。目前，担保贷款额度达到了5亿欧元，占到了荷兰年农业投资总额的5%左右。从2009年开始，农业贷款担保基金由荷兰农业部负责管理，政府每年会补贴200万欧元。

荷兰政府和欧共体坚持长期的农业补贴政策，并能够根据农业发展的实际变化情况及时调整、完善，为荷兰实现农业的现代化奠定了坚实的基础，是荷兰农业发展的"坚强后盾"。

2. 完善的农业法律制度体系为荷兰的现代化农业"保驾护航"

荷兰的现代化农业如此发达还得益于其完善的农业法律体系，以荷兰的农地制度为例，鉴于荷兰土地的"寸土寸金"，土地制度构成了荷兰农业制度安排的基础和核心，1924年以来，荷兰先后出台了《土地整理法》(1924)及其后续修订版、《危机农业财产法》(1932)、《农业财产法》(1937)及其后续修订版、《农用地转让法》(1953)、《城镇和乡村规范法》(20世纪50年代)、《土地开发法》(1980)等重要的法律法规，为荷兰农用地的开发、整理、使用等提供了法律和制度框架。正是因为严格的法律保护制度，才使得荷兰绝大部分土地得到了有效的利用，实行了现代化农业的需求，促进了土地资源的高效使用。

进入 20 世纪 80 年代后期，为了促进荷兰农业的可持续发展，荷兰政府出台并实施了严格的生态环境保护制度，限制对化肥农药的使用，防止水体和土壤受到污染；构建了严格的农产品质量安全体系，最大限度地防止任何危害食品安全行为的发生，对于任何侵害消费者健康和安全的行为，荷兰法律都给予最严厉的处罚，并给予受害者最大程度的补偿。

此外，为了迎合国际、国内社会对动物福利的关注，荷兰政府在 2011 年制定并颁布了《饲养动物公共健康法规》，规定在任何情况下都要照顾、保护动物，确保动物免于干渴、饥饿和营养不良，免于痛苦、伤害和疾病，免于温度不适、恐惧和悲伤等，不得限制动物的自然行为；鼓励和支持户外放牧，创建新型一体化的牛舍，保证奶牛的日照时间，禁止剪断、剪掉牛尾巴，不能随便去除牛角，禁止使用激素催奶，合理使用兽药，尽量少用抗生素等。

这一系列严格规范的法律法规和制度，规范了荷兰农业各产业的规范化发展，为荷兰的农业现代化"保驾护航"，确保了荷兰农产品的高端品质，增强了荷兰农业的国际竞争力。

三、借鉴他国发展六次产业的对策建议

通过上文对日本、韩国发展六次产业及欧洲国家的代表——荷兰发展现代化农业的背景、具体做法及保障措施进行分析之后，可以发现，这些国家在发展现代化农业、促进农业一二三产业融合的过程中，具有许多共性，这些国家始终把农民的利益放在第一位，充分发挥农业协会／农民合作社组织的作用，具有健全的农业培训体系，注重对农民的培训工作，坚持发展环境友好型现代化农业，各国政府都在农业补贴、法律法规的制度和颁布及全方位的服务等配套工作方面做了大量的工作。我国在当前资源环境约束明显、农产品生产成本不断上升的严峻背景下，更应该积极借鉴国外先进经验，大力推进我国农村三产融合，努力转变农业生产方式，促进农民增收，实现农业的现代化可持续发展。

1. 按照发展的思路解决"三农"问题

日本、韩国的经验告诉我们，发展六次产业，促进农村一二三产业融合发展，是解决"三农"问题的重要途径。我国经济已步入新常态，当前经济发展又处

于"三期叠加"的非常时期,"三农"发展面临诸多困难和挑战,农民增收奔小康又是全面建成小康社会的关键时期。当前我国农业已面临农业兼业化、劳力老龄化、农村空心化,解决三农问题,要坚持农村三次产业融合发展、政策措施融合发展、经营主体融合发展的思路,跨越城乡界限、工农界限、产业界限,按照工业的理念促进农村一二三产业融合发展,延长产业链条,让农民直接参与农产品加工、流通,更多分享农产品增值收益。在产业发展上,要在强化农业发展基础的同时,支持农产品加工、销售、餐饮一体化发展,支持发展休闲观光农业,支持发展农产品生产与电子商务结合、农产品直销等新型业态,延长产业链,提高农产品附加值。在投资政策方面,既要强化现有农业投资力度,促进农业可持续发展,夯实产业化发展基础,又要将有关技术创新投资向农业化倾斜,或者增设休闲农业发展、农村餐饮服务等支持项目。在管理方式方面,建议借鉴日本通过调整农产品供求关系稳定农产品价格的做法,通过调整农业生产结构,限制或减少生产和供给,稳定农产品价格。对限产和因结构调整带来的损失进行补贴,以保证农民收入。

2. 按照两条路径推进一二三产业融合

支持农户、合作社发展六次产业是当前日本、韩国的普遍做法,而支持农业企业开展产业化经营则是欧美国家的做法。我们认为,在中国要坚持两条腿走路,既要支持农户、合作社发展产业化经营,又要支持与农户、合作社有利益密切关联的龙头企业发展,比如开展订单保护价收购、土地承包经营权入股经营的企业。这两条路径,在我国既有基础,又有必要性和可行性。龙头企业参与农业产业化经营,有利于提升农业的竞争力,农业转方式、调结构不能忽视龙头企业的作用。

3. 设立农业产业化发展专项资金(或基金),打造主体融合、产业融合黏合剂

借鉴日本设立农业产业成长基金的做法,设立专项资金,以政府出资、参股等方式,将龙头企业与农户、合作社组织起来,组建股份公司,搭建产业、主体融合发展平台,形成真正的企业与农户利益联合体,有利于充分利用企业的加工技术、销售渠道等,从而解决农户、合作社缺资金、缺技术、缺渠道等问题。

4. 强化对重点业态支持

支持农民合作社及联社建立农产品直销店，支持农民合作社和农村集体经济组织开展农产品产地初加工。鼓励合作社及其联社在城郊或重点城镇建设农产品直销店，既发挥了合作社的作用，做实合作社；又架起农户与市场对接的桥梁，让农户真正参与农产品流通环节，分享农产品流通增值收益；还有利于促进一村一品发展，将土特产、优势农产品直接转换成商品优势。扶持发展农产品产地初加工和冷链仓储建设，是农业发达国家的普遍做法，在我国重点支持合作社、农村集体经济组织开展农产品产地初加工和冷链仓储，不仅有利于农户参与加工、流通，分享其增值收益，还有利于利用集体经济组织的闲置厂房、土地，增强集体经济实力。

5. 始终把农民利益放在第一位

从日本、韩国、荷兰发展现代化农业的经验来看，这些国家始终把农民的利益放在第一位，无论是在政策补贴、促进农业与工商业的合作过程中都充分体现了这一点。中国未来在促进农业与二三产业融合过程中，切忌忽略农民利益或由以工商业为主、让农民处于产业链条末端的被动地位，要增强农民的话语权，通过立法、国家政策等手段，确保农民的利益，以农民为中心展开产业融合，促进农民收入水平的增加。

6. 充分发挥农业协会组织的作用

日本、韩国的农业协会及荷兰的农业合作组织在发展现代化农业的过程中均发挥着重要的作用，一方面在农产品的生产、加工、流通、销售、培训等环节发挥着积极作用，另一方面充当着农民保护人的角色，为维护农民各方面的利益"保驾护航"。中国未来要促进农业与二三产业的深化融合，也需要加强农村合作社等民间组织的力量，鼓励这些机构在农产品生产、加工、销售、技术培训等环节"发光发热"，促进我国六次产业化的发展。

7. 注重对农民的培训工作

日本、韩国及荷兰均十分注重对农民的培训工作。对我国而言，要发展六次产业、促进农业与二三产业的深度融合，关键是要培育新型的农业经营主体，作为新型的农业经营主体，不仅要懂得农业技术，还要具备跨界合作经营的能力，从而能够立足于农业，推动产业链条的延伸，有效促进农产品附加值的增加。这些新型的农业经营主体可以在我国广大的农村地区起到引领、示范的作用，带动我国农村地区三产的融合，提高农民的收入和话语权。

8. 坚持发展环境友好型现代化农业

日本、韩国、荷兰在发展现代化农业过程中均采取了发展环境友好型农业现代化的道路，我国在发展农业现代化的进程中也早已意识到发展粗放型农业是不可持续的。未来我国在促进产业融合、发展农业六次产业化的进程中，要大力发展环境友好型农业。可以充分利用农村的各类资源，发展农业生态旅游、农村休闲旅游等综合型产业，在增加农产品附加值的同时，也注重环境的保护，实现环境友好型的农业现代化。

9. 政府营造好发展环境

日本、韩国、荷兰均十分注重法律制度的建设，注重为农民及相关组织提供各类优质的服务，在农村地区进行基础设施建设，实行各种类型的农业补贴政策，确保农业融合的顺利开展。我国政府应该充分借鉴三国经验，在促进农业与其他产业的融合过程中，建立健全相关法律体系建设，在完善对农民的补贴政策、加大财政投入、加强农村基础设施等方面做好配套服务。同时，可以选择一批试点项目，认定一批示范主体，推出一批经营产品。同时将现有农业产业化龙头企业认定、一村一品发展纳入一二三产业融合发展工作范围，将土地承包经营权入股合作社、企业试点纳入一二三产业融合试点范围，统筹推进。